내 집 마련은
부자로 가는
골든 티켓이다

내 집 마련은 부자로 가는 골든 티켓이다

초판 1쇄 2022년 03월 18일

지은이 최하윤 | **펴낸이** 송영화 | **펴낸곳** 굿웰스북스 | **총괄** 임종익

등록 제 2020-000123호 | **주소** 서울시 마포구 양화로 133 서교타워 711호

전화 02) 322-7803 | **팩스** 02) 6007-1845 | **이메일** gwbooks@hanmail.net

© 최하윤, 굿웰스북스 2022, *Printed in Korea*.

ISBN 979-11-92259-04-8 03320 | **값 15,000원**

※ 파본은 본사나 구입하신 서점에서 교환해드립니다.

※ 이 책에 실린 모든 콘텐츠는 굿웰스북스가 저작권자와의 계약에 따라 발행한 것이므로 인용하시거나 참고하실 경우 반드시 본사의 허락을 받으셔야 합니다.

※ **굿웰스북스**는 당신의 풍요로운 미래를 지향합니다.

귀화한 중국 동포가 알려주는 부동산 공부 안내서

내 집 마련은 부자로 가는 골든 티켓이다

최화연 지음

GOLDEN
TICKET

굿웰스북스

내 집 마련을 소원하는 분들에게 희망이 되기를

집이란 무엇일까? 집은 소중한 우리 인생의 일부라고 생각한다. 특히 우리 이주민들에게 집은 그 누구보다 더 값지고 소중한 대상이 될 것이다. 그동안 한국에서 살면서 이사 다녔던 집을 나열해보면 집집마다 눈물겨운 스토리도 많을 것이다. 나와 나의 가족이 집주인 눈치 보지 않고, 이사 걱정 없이 편하게 살고 싶은 집 한 채를 소유하는 것이 우리 모두의 로망이 아닐까 생각해본다.

내 집을 갖고 싶지만 외국인이라는 신분 때문에 대출이 될지, 수중에 돈을 얼만큼 가지고 있어야 집을 살 수 있을지 궁금하기도 하였을 것이다. 또한 어떤 집을 사야 사기 당하지 않고 좋은 집을 살 수 있을지 고민도 되었을 것이다. 주변에 지인, 친척들이 하나 둘 '내 집 마련'을 하면서 나도 집을 살 수 있다는 희망도 가졌을 것이다. 하지만 정작 내 집 마련을 하고자 하면 애로사항이 보이기 시작한다. 집을 살 종잣돈부터 모아야 하는 것이다. 내가 돈을 모으는 사이에 친구는 벌써 두 번째 집을 사기도 한다.

우리는 비슷한 시기에 한국에 왔고, 비슷한 일을 시작하였다. 시간이 흐른 후 지금에 와서 보면 누구는 여전히 월세방을 전전하는데 누구는 자기 이름으로 된 집을 가지고 있다. 이 차이는 어디에서 온 걸까? 한쪽이 좋은 직장을 다녀서? 아니면 자기 사업을 해서?

아닐 것이다. 나는 두 사람의 차이는 생각의 차이에서 온 것이라고 생각한다. 한쪽은 집에 대한 중요성을 알고 처음부터 집을 목표로 하고 돈을 모았고, 한쪽은 아직도 집에 대한 중요성을 느끼지 못하고 있는 것이다. 아마 느꼈을 것이다. 주변에 내 집 마련을 한 사람들이 점점 늘어나고 있다는 것을. 친구가 자기 집에서 식사 초대를 하였다면, 월세방에서 사는 나는 이제 우리 집에서 친구를 초대할 용기가 나지 않을 것이다.

나는 2008년 한국에 입국한 후 현재는 귀화한 한국인으로 살아가고 있다. 2016년부터 부동산 공부를 시작해서 현재는 부동산업에 종사하고 있다. 그렇기에 이주민들이 가지는 '내 집'에 대한 애착과 갈망을 그 누구보다 더 잘 이해한다. 나도 단칸 지하방에서부터 옥탑방까지 다 살아봤고, 어느 한 해에는 이사를 세 번이나 다니기도 했다. 집을 소유하고자 노력했고 또 부동산에 무지해서 사기도 당하고 했다. 나와 비슷한 처지를 겪고 비슷한 아픔을 겪은 이주민들도 많을 것이라 생각한다. 이제는 더 이상 무지해서 사기 당하는 일은 없어야 한다. 그러려면 알려고 노력해야 하고 공부해야 한다.

나는 부동산 전문가가 아니다. 그러나 이주민들에게 내 집 마련을 컨설팅하면서 현장에서 직접 겪은 경험을 바탕으로 이 책을 썼다. 이주민들이 이해하기 어려워하는 부동산 용어, 한국의 부동산 법규, 궁금해하는 부동산 기초 지식, 내 집 마련의 현실성 등 기초적인 부분을 적었다.

우리의 부모님 세대는 한국에 돈을 벌러 왔다. 우리 세대는 한국 사회에 융합되어가고 있다. 우리의 자녀 세대들은 태어날 때부터 한국에서 태어나서 자라간다. 부모님 세대들이 목숨걸고 고생하며 일구어놓은 밑거름, 우리 세대가 어떻게든 잘 살려고 노력하는 이유, 이 모든 것은 우리의 자녀 세대들을 위함이 아닐까? 두 세대의 헌신과 노력으로 한국이라는 나라에서 우리의 자녀 세대들이 편견 없이 행복하게 잘 자랐으면 하는 바람이다.

우리 스스로의 한계를 떨쳐버리고 공부하고 실행하고 하나씩 부를 쌓아갈 수 있으면 좋겠다. 이 세상에 공짜는 절대 없다. 잘 살려면 남보다 더 노력해야 한다. 이 세상은 내가 아는 것만큼 보인다. 조금 더 노력하고 공부하고 자신을 키워감으로써 기회를 잡아야 한다. 지금 시대가 너무 급변하고 있다. 급변하는 시대를 감지하고 준비해나가는 우리 모두가 되었으면 하는 바람이다.

부디 이 책이 간절히 내 집 마련을 소원하는 이주민 한 분 한 분에게 도움이 될 수 있기를 소망한다.

2022년 3월

이주민 내 집 마련연구소

최하윤

목차

나는 평생 돈 걱정 없이 살고 싶다　　　　　　　　　1장

내 집이 아니면 언젠가는 떠나야 한다

2장

대한민국에 살고 있다면 부동산 공부는 필수이다   3장

내 집 마련 재테크가 평생의 부를 결정한다   4장

GOLDEN TICKET

1장

나는 평생
돈 걱정 없이
살고 싶다

나는 평생
돈 걱정 없이
살고 싶다

2008년 1월 14일, 나는 상하이 푸동공항에서 한국 인천공항으로 가는 비행기를 탔다. 그날로 나의 한국 생활이 시작되었다. 속옷 두 벌 챙겨서 시부모님 뵈러 한국에 여행 온 것이 나의 인생을 180도로 뒤바꿔놓을 줄 그때는 몰랐다.

남편이 공항에 마중 나와 나를 데리고 간 곳은 서울 천호동의 어느 빌라 동네였다. 두 계단 내려가 반지하 방의 문을 여는 순간 눈물이 핑 돌았다. 방 두 칸의 작은 집이었다. 한 칸은 방이라고 하기에는 너무나 작은, 둘만 누울 수 있는 창고 같은 방이었다.

그래도 오랜만에 남편을 만난 데다 시부모님이 기쁘게 맞이해주셔서 금세 집안에는 웃음꽃이 피어났다. 하지만 기쁨도 잠시, 아버님은 식사 후에 가족회의를 하자며 나와 남편을 부르셨다. 아버님의 간 건강이 악화된 데다 남편의 사업도 어려우니 나더러 한국에서 같이 생활하면서 돈을 벌자는 의논 아닌 통보였다.

그때 당시 남편은 중국에서 자그마한 회사를 운영하다가 경영이 부진해 나보다 1년 먼저 한국에 온 상황이었다. 열심히 노력했는데 무역업이 잘 안 된 모양이었다. 당장 아버님의 병원비가 시급한 듯 싶었다.

중국의 번듯한 아파트를 비워두고 이런 지하 방에서 산다는 것도 슬펐지만 더 슬픈 것은 주머니에 돈이 없는 현실이었다. 이번의 한국행 전에도 두세 번 한국에 온 적이 있었다. 하지만 그때는 회사 일로 출장을 오다 보니 한국의 좋은 곳만 가고 좋은 대접만 받았었다. 그러다 보니 한국이 더없이 좋아 보였다.

그러다 정작 한국이라는 나라에서 돈을 벌자고 하니 막막하기만 했다. 무엇을 해야 할 지 엄두가 나지 않았다. 남편은 고모가 다니는 식당에서 직원을 구하니 먼저 홀서빙 일을 하다가 천천히 좋은 직업을 찾아보자고 제안했다. 자존심이 허락하지 않는 제안이었다. '아니, 내가 어떻게 식당 일을 해? 그래도 명색이 대학 나온 여자인데….'라고 생각하니 울분이 터졌다.

나는 과일 중 사과를 좋아해서 사과를 자주 먹었다. 그때 당시 사과 1개가 1,000원 정도였던 것 같다. 그 1,000원이 아까워서 몇 번이고 사과를 살까 말까 망설이다 뒤돌아설 때면 너무 속상해서 눈물이 나왔다. 더 이상 버틸 수 없었다. 사과가 먹고 싶어서.

그렇게 고모님을 따라나선 한국에서의 내 첫 직장은 올림픽 공원 앞에 있는 보리밥집이었다. 인간은 적응의 동물이라 했던가. 하루하루 바빠 일하다 보니 몸은 너무 힘들었지만 고민하고 슬퍼할 시간이 없었다. 저녁 10시에 퇴근해, 다음 날 아침에 씻고 출근하는 것이 생활의 전부였다.

식당 일은 노가다와 같았다. 매일 세제 용품에 젖어 있다 보니 두 손은 항상 터 있었다. 저녁에 퇴근해서 집으로 돌아가는 버스를 탈 때면 옷에서 풍기는 식당 냄새가 신경 쓰여 항상 사람이 없는 맨 뒤쪽으로 가서 서 있곤 했다. 이대로 살다가는 내 인생이 그저 그렇게 끝날 것만 같았다.

결혼 전 나는 한국 기업에서 근무한 경력이 있었는데 그때의 그 한국 사장님이 생각났다. '그렇지, 이분을 찾아가서 상담을 받아보자. 이분이라면 내가 한국에서 어떤 일을 잘할 수 있고 어떤 일을 해야 이러한 환경에서 탈출할 수 있을지 방향을 제시해 줄 수 있지 않을까?' 하는 생각이 번뜩 들었다. 그날은 하늘이 유난히 빛나 보였다. 희망이 보였기 때문이다.

그렇게 사장님의 연락처를 얻어서 전화를 걸었다. 사장님께 도움을 요청할 일이 있으니 만나서 얘기하자고 했다. 너무나 뜻밖의 전화에 사장님은 반갑게 전화는 받아주었지만 바쁘다고 하면서 만나주지 않았다.

퇴근길에 버스를 타지 않고 걸어가면서 엄청 울었던 기억이 난다. 그 도움 요청이란 돈 빌려달라는 것이 아니었다. 나한테 한국 생활의 안내자 역할을 해줄 수 있냐고 물어보고 싶었을 뿐이었다. 한국에서 어떻게 해야 더 잘 살아나갈 수 있는지 단지 방법을 제시해달라고 부탁하고 싶었던 것이 전부였다. 너무나 서운했지만 그 후 알게 된 사실은 그때 사장님은 암 투병 중이었다고 한다.

그때부터 나의 마음속에는 멘토라는 작은 씨앗이 심겼다. 나의 꿈은 이주민 동기부여 강사다. 나는 꼭 성공해서 도움을 요청하는 사람들에게 안내자의 역할, 멘토의 역할을 해주리라 다짐했다.

나는 보리밥집에서 쭈꾸미집으로 일자리를 옮겼다. 쭈꾸미집은 근무

시간이 오후 3시부터 밤 3시까지여서 아침 일찍 일어나면 관광 가이드 학원에 등록해 공부할 수 있었기 때문이다. 나는 6개월 정도 공부해서 관광 가이드 자격증을 취득해 가이드를 할 계획을 세웠다. 관광 가이드는 자유롭고 돈도 많이 벌었고 대우도 받았다.

약 한 달 정도 그렇게 다니다가 어느 날 눈을 떠보니 내가 병원에 누워 있었다. 너무 잠을 못 자고 힘들어서 학원에서 수업을 듣다 쓰러진 모양이었다. 지금 같으면 어디든 들이댈 수 있을 것이다. 하지만 그때는 무자격으로 관광 가이드를 하다 적발되면 벌금형이 주어졌다. 나는 그런 위험을 감수할 만한 깜냥이 안 되었다. 또한 어차피 자격증이 있어야만 취업이 잘되었기 때문에 포기할 수 없었다.

무조건 한국에서 성공하는 것이 나의 꿈이었다. 성공이 무엇인지 정확한 개념은 없었다. 하지만 돈을 많이 버는 것이 성공이라 생각했다. 지금의 식당 일에서 벗어나 번듯한 직장을 갖는 것이 성공이라 생각했다.

사람은 간절한 마음이 있으면 무엇이든 행동하게 된다. 그때부터 나는 책을 사서 보기 시작했다. 서점에 가서 책을 훑다가 마음에 꽂히는 글 한 줄만 있어도 그 책을 사왔다. 책을 사오면 보는 페이지보다 안 보는 페이지 수가 더 많았지만 나에게 힘과 용기를 주는 그 한 줄을 붙잡고 하루하루 버텨냈던 것 같다. 언젠가는 나도 성공할 수 있다고 믿었기 때문이다.

한국에서 생활한 지 만 14년이 되었다. 한국은 날씨가 따뜻해서 겨울에도 치마를 입을 수 있어 행복했다. 차로 1시간만 가면 계곡물이 졸졸 흐르는 산에도 갈 수 있어 좋았다. 관공서 업무나 은행 업무나 어디를 가도 조용히 질서를 지키는 모습들이 너무 인상 깊었다. 만날 때나 헤어질 때면 항상 허리 굽혀 인사하는 사람들의 예의 바른 모습이 너무 좋았다.

이러한 한국을 사랑해 2011년에 나는 한국에 귀화해 어엿한 한국인이 되었다. 그렇게 결정한 또 한가지 결정적인 이유가 있다. 한국에서는 내가 노력한 만큼 돈을 벌 수 있고, 노력한 만큼 부와 성공을 이룰 수 있기 때문이었다. 한국 생활 14년간 수많은 노력을 했다. 지금은 부동산 컨설팅 회사를 운영하고 있다. 부동산으로 성공하기까지 또한 수많은 시행착오를 거쳤다.

성공하고 싶은가? 살다 보면 성공을 갈망할 때도 있고, 현실에 지쳐서 죽고 싶을 때도 있을 것이다. 만약 당신이 지금 지치고 힘들다면 현재 가고 있는 길을 포기하지 말고 방향을 바꾸어보라. 그리고 배워라. 인간은 항상 자신의 프레임 안에서만 생각을 할 수 있다. 끊임없이 배우고 생각을 확장해나가면 다른 세계가 보인다.

코로나로 인하여 공부할 수 있는 콘텐츠가 넘쳐나는 요즘 시대이다. '抖音', '快手', '小红书' 등등 중국의 재밌는 플랫폼과 프로그램이 너무 많다. 틱톡, 인스타, 유튜브 안에도 재밌는 영상이 너무 많다. 한번 보기 시작하면 기본 2시간은 눈 깜짝할 사이 지나간다. 하지만 2시간 후에는 시간만 잘 보냈다는 사실을 알게 될 것이다. 남들 것을 보고 즐기기만 해서는 성장할 수 없다. 차라리 그 콘텐츠를 만드는 생산자의 입장에서 보라. 그리고 만들기 위하여 준비를 해보라. 소비자가 아닌 생산자의 길을 선택하라. 그리하면 인생이 바뀔 것이다.

02

어떻게 하면
한국에서 더 잘살 수
있을까?

"최 실장, 이번에 1층에 사무실 하나 더 내려고 하는데 최 실장이 맡아

서 한번 해볼래?"

"네?"

"사무실을 1층에 하나 더 오픈할 생각이야, 지금은 4층에 사무실이 있

어 고객들이 좀 불편을 느끼는 것 같지 않나?"

어느 날 사장님이 나를 불렀다. 1층에 사무실을 하나 더 내고 싶은데

책임지고 운영할 사람이 없다는 것이었다. 당시 나는 입사한 지 고작 7

개월 정도 된 때였다. 업무도 아직 서툰 데다 책임을 맡아서 하라는 말에 덜컥 겁이 났다.

그 후에 안 사실이지만, 나보다 일찍 입사한 다른 여직원과 행정사님 한 분을 1층으로 보내고 싶었다고 한다. 그런데 행정사님이 그 여직원과 성격이 맞지 않는다며 나와 같이라면 1층으로 가겠다고 제안했다는 것이다. 그렇게 해서 나는 행정사 사무실의 책임자로 일하게 되었다.

1층 사무실에는 손님들이 수시로 들락거렸다. 2010년 그때는 동포분들이 취업비자로 한국에 대거 입국하던 시기였다. 처음 한국에 입국한 외국인들은 한국의 모든 것이 생소했을 것이다. 유일하게 정보와 도움을 얻을 수 있는 곳은 우리와 같은 행정사 사무실이었다. 외국인들이 한국에 입국하게 되면 제일 시급한 것이 비자 문제였다. 합법적인 비자로 체류해야 취직도 가능하기 때문이다. 행정사 사무실에서는 이러한 분들의 체류 비자 출입국 관리 사무소 신청을 대행해주었다.

사무실은 아침부터 저녁까지 고객을 상대하느라 쉴 새 없이 바빴다. 어떤 날엔 화장실에 갈 시간조차 없었다. 고객들은 하나에서 열까지 궁금한 건 다 물어보고 도움을 받고 싶어 했다. 1층은 적나라한 삶의 현장이었다. 낮에는 그렇게 상담을 하고, 고객들의 고충을 들어주었다. 저녁에는 낮에 받은 서류들을 정리하고 작성해야 했다. 하루가 끝날 무렵이면 기진맥진했다.

모든 일이 다 그렇겠지만, 알고 나면 아무것도 아닌데 모를 때는 정말 막막하다. 외국인들이 한국에 입국한 후 90일이 지나도록 외국인 등록을 하지 않으면 불법 체류자가 된다. 그때문에 항시 신경을 써서 입국일과 체류일을 체크해야 했다. 한 사람이라도 나의 실수로 체류 기간이 지나서 불법 체류자가 되면 그 사람의 인생이 바뀌기 때문이다.

당시 법무부는 새로운 영주권 허가 정책을 내놓았었다. 즉, 합법적인 체류 비자를 가지고 있고, 부 또는 모가 동포 1세로서 한국의 제적등본을 가지고 있는 분에 한한다는 정책이었다. 영주권 비자는 말 그대로 한국에서 영주할 수 있는 비자다. 영주하면서 취업도 제한 없이 자유롭게 할 수 있다. 이 정책의 소문을 듣고 고객들이 끊임없이 찾아왔다.

고객들을 상대하는 일은 힘들어도 견딜 만했다. 고향 얘기도 하고 한국 생활에 대해 조언도 하다 보면 하루가 금세 지나갔다. 하지만 저녁이 되어 책상 위에 쌓인 서류들을 보면 미칠 것만 같았다. 한 번도 작성해본 적이 없던 서류들이어서 걱정부터 앞섰다. 알고 나면 식은 죽 먹기인데 그때는 하늘의 별 따기만큼이나 어렵게 느껴졌다. 책상 위에 쌓인 서류들을 보면 숨이 막혔다. 막막한 현실 앞에서 나에겐 서류 작성법을 배우는 것이 시급했다. 그 시절 바쁜 와중에도 아낌없이 나에게 업무를 가르쳐준 소망여행사 허해숙 부장님께 감사드린다. 나이는 나보다 어려도 한국생활에서 나의 첫 번째 스승이다. 언제나 베풀면서 살아가는 사람들과의 관계는 끈끈하고 감사하고 행복하다.

사람들은 자신이 모르는 일은 늘 어렵게 생각한다. 그리고 쉽게 포기한다. 요즘 같은 디지털 세계에서는 특히 더 그러하다. 이제는 디지털 노마드 시대다. 나이 탓하며 어렵다고 배우지 않으면 시대에 뒤떨어지게 되고 바보 취급 당한다. 누구나 다 하고 있는 SNS도 내가 경험해서 배우고 나면 너무 쉽지만, 모르면 막막하기만 하다.

지금 다니는 직장에 취직하게 된 계기를 잠깐 회고해본다. 2009년의 여름이 막 지날 무렵이었다. 1년간 고된 식당 일을 하면서 매일 탈출만을 고대했다. 그러던 어느 날 친구한테서 경기대학교 다문화 이민 행정 과정에서 학생을 모집한다는 얘기를 들었다. 나는 무조건 등록했다. 내 인생을 절실히 바꾸고 싶었기 때문이다. 그때 반 학기 학비가 140만 원이었던 것 같다. 140만 원이면 당시 나의 한 달 월급과 맞먹었다. 1년이면 300만 원 정도 되었다. 나는 그 학비가 부담되었다.

"이대로라면 바꾸어봤자 또 식당 일이잖아. 환경을 바꾸어봐."

친구는 진심으로 이렇게 충고해주었다. 그렇다. 지금 바꾸어봤자 또 식당 일이다. 백 번의 생각보다 단 한 번의 행동이 인생을 바꿀 수 있다. 나는 살아가면서 어떤 것을 선택해야 할 때 너무 깊은 고민은 하지 않는다. 행동만이 살 길이라는 걸 경험했기 때문이다. 나비의 삶을 살려면 애벌레의 삶을 끝내야 한다.

수업은 매주 토요일 8시간씩 진행되었다. 하루하루 꿈이 풍선처럼 부풀어 올랐다. 한 달도 채 되지 않아 나는 지금의 직장에 취직하게 되었다. 삶의 결론은 곧 선택의 결론이다. 인생은 끊임없는 선택의 결과다. 봄을 선택하니 따스한 햇살이 다가왔다.

2007년부터 방문 취업 비자가 생겨나면서 중국 동포분들이 대거 한국에 입국했다. 국제결혼도 한창 성행하던 시기라 베트남, 태국, 중국 등 여러 나라의 여성분들이 결혼 비자로 한국에 왔다. 다문화 시대가 열리기 시작한 것이다.

출입국 체류 관리법상 외국인이 한국에 입국해 90일 이상 체류하고자 하면 우선 외국인 등록을 해야 한다. 취업과 생계는 그다음의 문제다. 합법적인 비자가 있어야 모든 것이 이루어지기 때문이다. 비자 문제를 해결하고 나면 그다음은 취업 문제를 고민하게 된다.

그들은 "어떤 일을 하면 좋아요? 나는 어떤 일을 할 수 있어요? 어떻게 하면 많은 돈을 벌 수 있어요?"라고 물어온다. 내가 처음 한국에 입국했을 때와 똑같은 질문이고 고민이었다. 내가 그들에게 해줄 수 있는 조언에는 한계가 있었다. 나도 아직은 한국에 적응해나가는 과정이었으므로. 우리는 모두 어떻게 하면 한국에서 더 잘살 수 있을까 고민했다.

한국행이라는 출발선은 모두 같았다. 하지만 몇 년의 시간이 흐른 지금은 각자의 위치가 달라져 있다. 시선을 어디에 두고 출발했는지에 따라 목적지도 각자 다르다. 많은 사람은 겉으로 보이는 것만 바라본다. 우리는 모두 각자가 바라보는 그곳으로 가게 되어 있다. 물질, 행복, 성공 등등 선택의 방향을 따라서.

행정사 사무실에서 수많은 고객을 상대하고 그들의 이야기를 듣게 된다. 음주운전이나 폭행 등 범죄 행위를 저지른 사람들이 비자 문제 해결로 찾아오는가 하면, 반면에 집을 사려고 하는데 어떤 집이 좋은지 알아봐달라고 부탁하는 고객들도 찾아온다. 처음 한국 땅에 발을 디뎠을 때 잘살고 싶은 마음은 모두 같았을 것이다. 차곡차곡 모은 돈으로 자산을 불려 나가려고 하는 사람이 있는가 하면, 힘들게 번 돈으로 술을 마시며 외로움을 달래면서 몇 년이나 똑같은 생활을 반복하는 사람이 있다. 돈을 모으는 사람들은 외롭지 않았을까? 이국 타향에서 그들도 외로움과 시련을 겪었을 것이다.

천안의 자동차 금형 회사에 근무하는 A고객분이 있었다. 기술이 있고 일을 잘하다 보니 한 달 급여를 400만 원 이상씩 받았다. 하지만 이 고객은 주말만 되면 술과 낚시로 시간을 보냈다. 한국에 온 지 10년이 넘는데 5평도 채 안되는 회사 원룸에서 지내고 있다.

다른 한 분 B고객분은 김포의 작은 식품 회사에 다녔다. 급여는 300만원 조금 넘게 받았다. 이분은 악착같이 돈을 모았다. 취미생활은 독서였다. 내 집 마련을 목표로 삼았다. 그분은 2017년도에 김포에 작은 아파트 하나를 대출을 활용해서 장만했다. 현재 이 아파트는 시세가 5억이 넘어간다.

두 사람의 사례가 대표적인 두 가지 부류의 사례이다. 비슷한 시기에 한국에 와서 같은 출발점에 섰었지만 지금은 너무나 큰 간격을 두고 살아간다. 이 두 고객분들은 지금도 연락이 온다. A고객분을 보면 안타깝기만 하다. 비자의 도움뿐만 아니라 재테크의 코치도 해주었다면 A고객분은 자신의 사고를 바꾸었을까? 가끔씩 이런 생각도 해본다.

03

나는
코리안드림을 위해
한국으로 왔다

2009년 서울 방이동에서 거주할 때의 일이었다. 아들의 학교 등록을
위해 초등학교 담임선생님을 만난 적이 있었다.

그때는 우리 가족 모두가 외국인 신분이었다. 선생님은 외국인 아이를
처음 접하였는지 비자에 대해 생소해하셨다. 나는 선생님께 우리는 중국
에서 온 조선족이라고 설명을 했다.

"조선족이 뭐예요?"

선생님이 나한테 되물었다. 순간 나는 신선한 충격을 받았다. '조선족'이라는 세 글자가 한국에서는 익숙지 않은 단어라는 것을 그때 알았다.

우리 가족의 역사를 예를 들어 설명을 하면 조금 더 쉽게 이해될 수 있을 것이다.

일제강점기에 한반도는 기근으로 가득했다고 한다. 일본인들에게 땅을 빼앗긴 한국인들의 빚은 날마다 늘어났다. 사람들은 매일 배고픔으로 허덕이며 살았다. 고향에 발붙이고 살고 싶었지만 먹을 것이 없었다. 고향에서 쫓겨나고 도시에서도 자리를 잡지 못한 사람들은 낯선 땅으로 떠나야 했다. 수많은 사람들이 농사지을 땅을 찾아 만주로 떠났으며, 일자리를 찾아 일본으로 갔다. 그 시기 만주로 이주해 정착한 사람들 및 그 후손들이 조선족이다.

1949년 10월 1일 중국의 내전이 정전이 되면서 중화인민공화국이 설립이 되었다. 중국에는 56개 소수민족으로 나눠져 있었는데 우리 조선민족은 그때 '조선족'이라고 칭하게 되었다. 조선족들은 주로 한반도와 연접되어 있는 흑룡강성, 요녕성, 길림성 등 동북3성에 많이 거주한다.

현재 중국에서 조선족의 인구수는 약 200만 명이다. 한중수교 이후 약

80만 명이 한국에 나와 체류 중에 있고, 일부는 중국의 각 연해 도시에서 살고 있고 고향인 동북3성에서 거주하고 있다. 젊은 사람들이 한국이나 연해 도시로 나감으로 인하여 고향에는 점차 인구가 줄어들고 있다.

나의 할아버지, 할머니는 북한의 평안남도 해주시에서 태어났다. 북한에서 결혼 후 고향을 떠나 만주 땅으로 갔다. 그리고 슬하에 5남 2녀를 두었다. 나의 아버지는 1944년에 길림성이라는 곳에서 태어났다. 내가 어렸을 때 할머니는 일본말을 곧잘 하였다. 신기해서 할머니한테 물었다. 할머니는 살기 위해 일본말을 배웠다고 한다. 식민지 시기 일본은 한반도를 전부 일본 문화로 강제 교육시켰기 때문이다.

나의 외할아버지, 외할머니는 전라남도 남원에서 태어났다. 외할머니, 외할아버지도 남한에서 결혼을 하고 열 살과 여덟 살된 두 아들을 데리고 만주 땅으로 갔다. 열 살 된 큰아들은 학교 취학으로 인해 삼촌을 따라 다시 남한으로 들어갔다고 한다. 헤어질 때 짓고 있던 농사만 끝내고 가을이면 다시 남한으로 들어가기로 약속하였는데 일본이 무너지면서 국경이 막혀버렸다. 그렇게 부모 자식 생이별이 되어버린 것이다.

내가 어렸을 때 밤이 되면 부모, 친척들을 찾는 라디오 방송 프로그램이 있었다. 한밤중에 한가락의 선율처럼 잔잔하게 흘러나오는 라디오 소리는 헤어진 부모 형제를 찾는 내용들이었다. 큰아들을 남한에 보낸 외할머니는 그 후 아들의 생사조차 알 수 없었다. 한평생 가슴에 대못이 박힌 듯 상처로 살아갔다. 그러던 어느 날 밤에 외할머니, 외할아버지의 이름과 헤어진 마을 이름과 동생 이름이 라디오에서 흘러나왔다. 남한으로 건너간 큰아들이 엄마를 찾기 위해 라디오 방송 사연을 신청한 것이었다.

부모 자식 지간 생사를 모른 채 40년을 지내왔다. 하지만 살아만 있다면 언젠가는 만날 수 있다. 하늘 아래 어디에 살아 있다는 사실을 알았을 때 그 보고 싶은 마음 오죽하였을까? 마음이 먹먹하다.

1985년에 외할머니는 3박 4일 홍콩을 거쳐서 한국으로 왔다. 비행기에서 내려서 아들은 신문지를 흔들고 엄마는 흰색 스카프를 흔들자고 서로 약속하였다. 흰색 스카프와 신문지는 서로를 알아보았다. 큰아들은 무릎 꿇고 엄마의 다리를 붙잡고 그렇게 울었다고 한다. 상봉의 얘기는 들을 때마다 눈물 나온다. 외할머니는 2020년 103세의 나이로 한국에서 하늘나라로 떠나셨다.

KBS에서 제작한 프로그램 〈이산가족을 찾습니다〉가 진행될 때 온 국민이 눈물바다를 만들지 않았던가. 피는 물보다 진하다. 어떤 방식으로 헤어졌든 만날 수 없는 가족들이 이 세상에 생사조차 모른다면 보고 싶은 그 마음 또한 얼마나 애절할까?

어렸을 때 나는 길림성의 어느 작은 조선족 마을에서 태어났다. "엄마, 아빠." 하고 말 배울 때부터 조선말로 언어를 습득했다. 마을마다 조선족 초등학교가 있었다. 고등학교까지 모든 수업은 조선글로 가르쳤다. 중국어는 외국어를 배우는 수업과 같았다. 일주일에 고작 한두 번 정도 수업했다.

옆 마을에는 중국 동네가 있었다. 장을 보거나 상점(지금의 백화점)에 가서 물건을 사올 때는 중국어를 사용해야 했다. 엄마, 아빠는 어른이라서 그런지 중국어를 곧잘 했던 기억이 난다. 그러다가 대학에 입학하면 모든 수업이 중국어로 진행된다. 대학은 조선족 학교가 아닌 전 중국 각지에서 학생들이 모이기 때문이다.

어렸을 때 옆 마을의 중국 아이들과 자주 싸웠던 기억이 난다. 그들은 우리를 '고려몽댕이'라고 놀렸고 우리는 그들을 '까마귀'라고 놀렸다. 그들은 우리가 고려민족이기 때문에 우리를 '고려몽댕이'라 불렀고, 잘 씻지 않아서 때가 가득한 그들을 우리는 '까마귀'라 놀려댔다.

1992년도에 한중수교가 이루어졌다. 친지방문으로 한국에 다녀온 사람들이 돈을 벌어서 오자 너도나도 한국행 바람이 불었다. 한국행은 천국의 로망이 되어버렸다. 거액의 돈을 써가며 어떻게든 한국으로 나오고자 목숨 걸고 한국행을 택한 사람들도 많았다. 그 시절은 합법적으로 장기 체류할 수 있는 정책들이 시행되지 않아서 많은 사람들이 불법으로 체류하였다. 불법 체류 하다가 잡히면 바로 강제출국이었다. 늘 마음을 조이며 살아야 했다.

2007년 4월 법무부의 방문취업 비자 정책이 시행되었다. 이 정책으로 인하여 조선족들이 대거 한국에 입국할 기회가 생겼다. 그 후 법무부에서 동포들이 장기 체류 할 수 있는 좋은 정책들을 많이 펴놓았다. H2(방문 취업 비자), F4(재외동포 비자), F5(영주 비자)등 여러 비자 종류들이 있었다. 또한 8촌 이내 직계 친척들이 있고 요건에 부합되면 귀화 신청도 가능해졌다. 나도 그 요건에 부합이 되어서 귀화를 선택해서 지금은 한국 국민으로 살아가고 있다.

비자의 변천사는 곧 우리 조선족의 한국 생활에서의 정착과 융합의 과정이다.

내가 행정사 사무실에 근무할 때의 일이다. 2010년도에 법무부에서 불법 체류 합법화 정책을 시행하였다. 그때 이모님 한분이 오셔서 합법화 서류를 신청하셨다. 합법된 외국인 등록증을 손에 받아쥐고 그렇게 서럽게 울 수가 없었다. 어린 자식들을 중국에 남겨두고 한국으로 온 후 10여 년 동안 한번도 중국에 가지 못하였다. 이제 중국에 가서 가족들과 상봉할 생각에 눈물부터 앞섰던 것이다. 이모님은 중국에 가서 며칠 후 저세상으로 떠나셨다. 불법 체류 신분으로 늘 심장을 조이며 살다 보니 심장마비가 생겼던 것이다. 이모님의 소식을 듣고 마음이 너무 아팠다.

집집마다 수많은 눈물겨운 스토리가 있다. 사람마다 모두 이야기 보따리 한 바구니씩은 가지고 있을것이다.

학교 다닐때 늘 우리의 정체성에 대해 궁금해했다. '고려몽댕이'라고 불리는 우리는 중국말이 아닌 한국말을 하고 있었다. 음식, 문화, 풍속, 옷, 예의범절 모두 중국인과 달랐다. 한족들은 우리를 같은 민족으로 취급해주지 않았다. 어렴풋이 우리한테는 중국이 아닌 먼나라가 하나 더 있다는걸 알고 있었다. 이 모든 것은 어린 우리한테 혼동을 줄 수밖에 없었다.

통계자료에 의하면 지금 대한민국에는 약 80만 명(귀화자 불포함)의 중국 동포가 살고 있다. 한국에서 생활터전이 이루어져서 한국을 모국으로 삼고 있다. 중국이 머나먼 나라가 되어가고 있다. 최근에는 한국에서 태어나는 동포4세 신생아들이 많다. 이 아기들은 국적은 중국 국적이다. 하지만 한국에서 태어나서 한국 아이들과 같은 환경에서 자라고 같은 교육을 받는다. "엄마, 아빠." 하고 말 배울 때부터 한국말로 배워간다. 중국아이이지만 한국어가 모국어가 되고 중국어는 외국어로 배워야 한다. 참 아이러니하다.

04

시련과 눈물,
그것은 값진 인생의
경험이었다

천호동 쭈꾸미집에서 근무할 때의 일이다. 나는 중국에 있을 때부터 교회에 다녔다. 밤이면 제일 예쁜 것이 십자가였다. 새벽 3시에 퇴근해서 집으로 가는 길도 십자가가 있었기에 무섭지가 않았다. 하나님이 나와 함께 한다는 강한 믿음이 있었다.

그때 한 달에 세 번 쉴 수 있었는데 그것도 평일에만 가능했다. 주말이면 교회에 간절히 가고 싶었다. 중국에서는 주일날이면 힘차게 찬양을 부를수 있었다. 철야 예배 때에는 주님을 부르며 목놓아 울 수도 있었다.

중국에서의 신앙생활이 너무나 그리웠다.

그러던 어느 날 식당에서 서빙을 하고 있는데 예쁜 연인 한 쌍이 와서 식사를 했다. 내가 중국에서 온 것을 알고 교회 다니는지를 물어보았다. 그리고 며칠 후 여자 한분을 모시고 식사하러 왔다. 같은 중국 교포였다. 너무나 반가웠다. 같이 생활 얘기, 신앙 얘기 하면서 금세 친해졌다. 그 때의 생활은 너무나 고달팠다. 힘든 식당 일 외에 별로 즐거운 일이 없었다. 휴무 날이 돌아오면 잠자기 바빴다. 몸이 감당하기 힘들 정도였다. 좁은 방에 누워서 "하나님." 하고 부를 때면 눈물이 주르륵 흘러내렸다. 이러한 생활을 간절히 탈출하고 싶었다.

신앙에 대한 갈급함이 있던 나는 그분들의 인도로 성경 공부를 시작하였다. 성경 공부를 시작하면서 나에게는 한줄기의 빛이 들어왔다. 암흑 속에서 빛을 발견하면 오로지 그 빛만이 삶의 이유가 된다. 삶에 희망이 없으면 절망이 삶을 채우게 된다. 희망은 절망을 이겨낼 수 있는 유일한 힘이 된다.

나는 가족들 몰래 성경 공부를 시작하였다. 성경 공부는 시간을 내야 했다. 사장님과 월급을 적게 받는 조건으로 저녁 6시에 출근을 했다. 그리고 오후에는 일찍 집을 나서서 공부하러 갔다. 한참 후에야 가족들은 내가 거짓말하는 걸 눈치챘고 집안은 지진보다 더 큰 폭풍이 일어났다. 하지만 나의 마음은 한끝의 동요가 없었다.

그때 나는 인간의 내면에 잠재해 있는 생각이 얼마나 지독하고 무서운지를 깨달았다. 그때는 나의 삶을 지탱할 수 있는 이유가 오직 하나님뿐이었다. '그때 삶에 하나님이 없었다면 지금 이 세상에 내가 살아 있을까'라는 생각도 든다. 아픔 후에 깨달음과 용기만 찾아오는 것은 아니었다. 하나의 아픔이 지나고 나면 또 다른 아픔이 기다리고 있었다.

나는 약 1년간 집, 회사, 교회를 열심히 다니다가 교회 생활을 접었다. 그때 당시 초등학교 3학년인 아들과 둘이서 방이동의 옥탑방에서 지냈다. 집 앞에는 자그마한 공원이 있었다. 그 곳은 아이들의 행복한 놀이터였다. 학교 수업 끝나면 놀이터에서 야구공도 치고 자전거도 탔다.

아들은 친구들과 어울려서 놀기 좋아했다. 그렇게 놀면서 엄마가 퇴근해 오기를 기다렸다. 직장생활을 하다 보면 야근도 있었고, 회식 모임도 있었기에 늘 일찍 퇴근해서 올 수는 없었다. 날이 어둑어둑해지면 친구들이 하나둘씩 집으로 들어간다. 아들은 혼자 있는 게 싫어서 늘 밖에서 헤맸다. 퇴근해서 집에 오면 아들이 없었다. 혹시나 유괴 당했을까봐 울

며불며 찾아 헤맸다. 경찰에 실종 신고한 적도 몇 번 있었다. '찾기만 하면 이놈 혼내줘야지!' 하면서도 정작 아들이 눈앞에 나타나면 아무 말도 못했다. 자식을 키우는 부모라면 모두 잘 알 것이다. 자식은 당근과 채찍으로 키워야 하는데 나는 그렇지 못했다. 아들한테 늘 미안한 마음이 들어서 혼내지 못했다. 모든 것이 전부 다 내 잘못인 것 같았다.

다른 엄마들은 주말이면 아이들과 맛있는 음식도 해 먹는다. 아이들을 데리고 공원에도 가고 여가도 즐긴다. 나는 주말이면 아들을 데리고 교회로 갔다. 억지로 아들을 유년부에 맡겨놓고 나는 하루 종일 교회에서 생활했다. 아들은 엄마의 이런 모습이 너무 싫다고 그 후에는 교회에 같이 가지 않았다. 그렇게 주말에도 아들을 혼자 집에 두고 교회 생활에만 빠져 있다 보니 아들은 늘 외롭게 지냈다.

수요일 저녁에는 수요예배로 저녁에 늦게 집에 와야 했다. 저녁 늦게 집에 오면 온 방이 갈기갈기 찢어진 종이 쪼가리로 덮여 있었다. 한참 후에 아들과 같이 심리 치료를 받은 적이 있었다. 그때 당시 나는 몰랐다. 종이를 갈기갈기 찢는 행위는 아이가 심리가 불안하고 두려움을 해소하기 위한 것이라고 하셨다. 그 말을 듣는 순간에 눈물이 펑펑 쏟아져내렸다. 어두운 밤에 혼자서 얼마나 무서웠을까? 표현은 하지 않았지만 얼마나 외롭고 힘들었을까 생각하니 가슴이 찢어지는 것 같았다.

그동안 힘든 아픔과 외로움을 나는 교회에서 달랬다. 너무 힘이 들어서 도저히 어떻게 할 방법이 없었다. 친구들한테 하소연하기도 부끄러웠다. 부모님한테는 더더욱 힘든 얘기를 하지 못했다. 나의 한숨조차도 엄마, 아빠가 들었을 때는 속상해할 것이 뻔하기에 말하기 싫었다. 모든 것은 나의 선택이니 고스란히 나 혼자 아픔을 이겨내야 된다고 생각했다.

그때는 내가 살아야만 아들도 살 수 있을 거라 생각했다. 어쩌면 맞는 말일지도 모른다. 그러나 엄마로서 내 감정 추스르기 바빠서 아들의 마음은 생각조차 하지 않았다. 아들의 학업, 취미, 감정 모두 뒷전이고 오직 아프지 않는 것이 최대의 바람이었다. 아프면 돈이 들어갔기 때문이다.

한 달 월급으로 월세 내고 생활비를 충당하면 둘이서 빠듯이 생활할 수 있었다. 그때 아들에게 유일하게 해준 것은 태권도 학원에 등록한 것이었다. 그것마저도 경찰에 실종 신고하며 난리법석을 치고 나서 더이상 안될 것 같아서였다. 이러다 정말 아들을 잃어버릴 것 같아 태권도 학원에 등록을 했다. 학교 수업 마치고 태권도 학원에서 놀면서 엄마를 기다리는 것이 현명했다. 지난날을 생각하면 아들한테 온통 미안한 마음뿐이다.

한 부모 가정에서 자라나는 아이들을 보면 마음이 짠하다. 나의 버킷 리스트 중 하나는 이주민 한 부모 가정 후원단체를 만드는 것이다. 경제적으로 힘든 부분은 돈으로 도와줄 수 있다. 하지만 마음의 아픈 상처는 돈으로만 치유되는 것은 아니다. 치유 프로그램과 동기부여가 필요하다. 비바람이 몰아칠 때 넘어지지 않도록 그 마음의 뿌리를 든든하게 해주는 밑거름이 필요하다. 마음이 든든하면 얼마든지 다시 일어설 수 있고 행복할 수 있다. 마음이 무너지면 모든 것이 무너진다.

아침이면 아들 학교 보내기 위하여 일찍 일어나서 챙겨야 했다. 학교 준비와 함께 나는 출근 준비를 해야 했다. 지하철 타고 1시간 거리였다. 그렇게 아침에 전쟁을 치르고 낮에는 회사 업무에 집중해야 했다. 나의 일은 고객을 상담하는 일이다. 내가 침울하고 슬퍼해서는 안 된다. 낮에는 항상 밝은 미소로 손님을 맞이해야 했다. 전화벨 소리가 울리면 언제나 한톤 업된 목소리를 내서 받았다. 그것이 습관이 되어서 지금도 전화 통화할 때 목소리가 활기차다.

힘든 식당 일에서 탈출하면 모든 것이 다 잘 될 줄 알았다. 인생은 녹록지 않았다. 예상치 못한 현실 앞에서 식당 일보다 더 힘든 나날들을 보내야만 했다. 새벽부터 저녁까지 육체도 식당 일 못지 않게 버거웠다. 마음은 찢어진 걸레처럼 너덜거렸다. 낮에는 고객분들한테 마음을 숨겨야 했고 저녁에는 아들한테 마음을 숨겨야 했다. 그런데다가 교회 생활에 매이다 보니 숨이 막혀 더 이상 살 수가 없었다.

죽어서 가는 천국, 보이지도 않는 천국에 왜 그렇게 아글타글 매달려야 했을까? 천국이 코앞에 있어도 걸어갈 힘조차 없었다. 천국 안 가도 좋으니 그냥 이대로 숨이라도 쉬고 싶었다. 숨이 쉬어져야만 살 수 있을 것 같았다. 하루하루 바쁜 일과로 아픔을 덮고 싶었다. 하지만 시간이 흐를수록 몸과 마음은 점점 더 피폐해져가고 있었다.

꿈이 없는 하루하루의 삶은 지옥이다. 지옥에는 기쁨과 희망이 없다. 꿈도 희망도 깡그리 잊고 있는 나 자신은 초라하기 짝이 없었다. 현실에만 살고 싶었다. 지금 현실이 지옥인데, 보이지 않는 천국을 소망해서 무엇하랴. 더 이상 버틸 수가 없어서 교회 생활을 접었다.

생각이 사람에게 있어서 얼마나 중요한지 그때 또 한번 깨달았다. 우리 모두는 각자의 생각으로 인생을 살아간다. 그리고 그 생각의 결론으로 선택을 하게 된다. 자신이 선택한 것으로 인해 각자 다른 인생을 살게 된다. 생각만큼 중요한 것은 없다. 생각이 인생의 모든 것을 결정하기 때문이다.

지금 나는 하나님과 동행하는 삶을 산다. 그리고 그분과 대화한다. 그러나 미련한 신앙생활은 하지 않는다. 인생에 정답이 없듯이 신앙생활 또한 정답이 없다. 각자의 필요에 의해서 각자의 믿음으로 하는 것이다. 내가 암흑 속에 있을 때 내게 빛으로 다가오신 하나님께 감사하다. 지옥 속에서 꿋꿋이 견딜 수 있는 힘을 주신 하나님께 감사하다.

05

일만
열심히 하면 부자가
될 수 있을까?

우물 안의 개구리는 자신이 보는 하늘이 전부라고 생각한다. 사람도
아는 만큼 보게 되고 보는 만큼 알게 된다. 왜 부자들은 점점 더 자산이
늘어나고 가난한 사람들은 점점 더 가난하게 살아갈까? 그건 가난한 사
람들은 자신이 아는 것의 한계 안에서 스스로 가난을 끌어당기기 때문이
다.

가난의 수레바퀴가 삐걱거리며 힘겹게 돌아가고 있지만 거기에 적응
하려고만 한다. 거기에서 벗어나려고는 하지 않는다. 어쩌면 벗어나는

방법을 몰라서 더 안주할 수도 있다.

부의 라이프스타일을 누리는 사람들은 현실에 안주하지 않는다. 오히려 더 노력하고 한 단계 위로 올라가려고 온갖 힘을 다 쏟는다. 이 시대는 보이지 않는 누군가와 끊임없이 경쟁하는 시대이다. 내가 현실에 안주하는 순간 나와 비슷한 꿈을 가진 사람들이 치고 올라온다. 부자들은 이러한 것을 너무 잘 알고 있다. 그들이 부의 라이프를 이루기까지는 인생의 롤러코스터를 몇번씩 경험했다. 그래서 목표까지 올라오면 어떻게든 그것을 유지하려고 더더욱 노력한다. 내가 옆에서 지켜본 부자들은 모두 그러했다.

2009년 식당 일에서 회사로 직업이 바뀌면서 옷차림새도 바뀌었다. 음식 냄새가 밴 5,000원짜리 티셔츠를 입고 출근했던 내가 이제는 정장에 향수를 뿌리고 출근을 했다. 사람의 신분 상승도 한순간이라 생각했다. 인생도 한방인 것 같았다. 만나는 사람들도 백팔십도 바뀌었다. 서빙을 하던 시절에는 손님이 갑이고 내가 을이다. 사장님이 갑이고 내가 을이었다.

직장에 취직하면서 나는 고객들의 비자 문제를 상담해주고 해결해주는 일을 하였다. 그러다 보니 자연스럽게 내가 갑의 위치가 되었다. 일이

능숙해지고 비자에 대한 지식이 늘어갈수록 자신감도 그만큼 불어났다. 하지만 불어나지 않는 것은 나의 지갑이었다. 한국 생활에 적응이 빠를수록 돈 쓰는 기술도 빠르게 늘어났다.

그동안 보지 못했던 신선한 세계들이 보이기 시작했다. 돈을 써야만 하는 유혹들이 늘 깃발처럼 흩날렸다. 밖의 세계에는 맛있는 것, 예쁜 것, 좋은 것이 너무 많았다. 이러한 것을 누리기에 한 달 월급은 턱없이 부족했다. 말일이 되면 늘 카드빚 때문에 마음을 졸이는 삶이었다. 식당 일 할 때 저축했던 돈마저 거덜이 났다.

예쁜 옷을 차려입고 직장을 다니다 보니 기분도 좋았다. 누구를 만나도 자신감 넘치는 듯 싶었다. 하지만 잠재의식 속에서의 내면의 진정한 기쁨은 없었다. 남 보기에는 늘 웃고 명랑한 것처럼 보였다. 외모로 가꾸는 자신감은 내면의 공허함을 숨길 수가 없었다. 식당 일 하면서 힘이 들 때는 책으로 마음을 채우곤 하였다. 그런데 직장생활 하면서 책 대신 외모와 인간관계에만 신경이 쓰였다. 자신의 가치를 어디에 두어야 하는지 모르고 살았다. 누군가에게 보여주기 위한 가치는 진정한 나의 가치가 아니였다. 외모 지상주의가 되어버린 현대의 사회에서 외모도 너무 중요하다. 하지만 그것보다 더 중요한 건 자신의 삶에 집중하고 자신의 성장에 투자할 수 있어야 한다. 내 자신의 가치는 온전히 나에게서 나온다.

주말에는 아들과 같이 가끔씩 대형마트에 놀러갔다. 아들이 장난감 코너 앞에서 떠나려고 하지 않으면 속이 상했다. 이 세상 엄마 마음은 다 같을 것이다. 부모의 무능 때문에 장난감 하나마저 사주지 못하는 내 신세가 한탄스러웠다. 경제적으로 풍요롭지 못한 자신이 너무 미웠다. 카트에 물건을 넘치게 담아서 결제하는 사람들이 그토록 부러웠다. 그 사람들은 다 부자로 보였다. 나도 간절히 부자로 살고 싶었다. 아들이 갖고 싶어 하는 장난감 원 없이 다 사주고 싶었다. 두려워서 들어가지 못하는 백화점 출입문을 당당하게 들어가고 싶었다. 하지만 아무리 열심히 일을 해도 생활은 제자리 수준이었다. 이 환경에서 벗어날 뾰족한 방법은 없었다. 가난할수록 남과 비교하게 되고 내 처지를 한탄스럽게 생각했다.

회사에 다니면서 나는 집을 회사 근처로 옮겼다. 아들 학교도 전학해 왔다. 출퇴근 시간이 줄어드니 한결 수월했다. 아들도 혼자서 걸어서 등하교 했다. 집에서 도보로 5분 거리에는 안양천이 흐르고 있었다. 안양천은 삼성산에서 발원해 구로구를 지나 한강으로 흘러드는 작은 하천이다. 안양천의 발원지인 삼성산은 관악구와 안양시에 걸쳐 있다. 안양천에는 아침 저녁으로 운동하는 사람들이 즐비하다. 퇴근 후 귀에 이어폰을 끼고 음악을 들으며 안양천을 걸으면서 지난 과거와 미래를 생각하곤 했다.

나의 세계가 지하 1층에서 지상 1층으로 올라온 것은 환경을 바꾸었기 때문이었다. 식당 서빙이라는 환경에서 회사 상담 실장의 환경으로 바뀐 후 새로운 삶을 시작했다. '그렇다면 1층에서 다시 2층, 3층으로 올라가려면 어떻게 해야 되지?'라는 생각이 자꾸 들었다. 어떻게 하면 돈을 벌수 있을까 고민을 했다.

이미 성공한 사람들의 성공담을 들으면 성공하려면 주변 환경을 바꾸라고 말한다. 그때는 그 말의 정확한 뜻을 이해할 수 없었다. 어떻게든 한 계단 더 올라가고 싶었다. 경험상 지금에서 한 계단만 더 올라가면 또 다른 세상이 있다는 걸 어렴풋이 느낄 수 있었다.

그때 당시 내가 하는 일은 국내 거주 외국인과 관련된 업무들이었다. 외국인들의 비자는 법무부 산하 출입국 관리 사무소에서 담당한다. 입국하는 외국인들이 날로 늘어날수록 비자, 취업, 교육, 생활 등등 다방면의 교육이 필요했다. 직업 소개소, 학원, 행정사 사무실도 우후죽순처럼 늘어났다.

같은 업종을 하는 사람들끼리 정보도 공유하고 가끔씩은 모임도 하였다. 그러면서 알게 된 사실이 있었다. 같은 업종의 일을 하면서 직장인인 나는 월급만을 벌어갔다. 나보다 더 잘사는 사람들은 하나같이 자기 사업체를 가지고 있는 사람들이었다.

하지만 나에게는 내 사업체를 차릴만한 자금이 없었다. 1층에 사무실을 내려면 보증금에 월세 등 모든 것을 감안해서 적어도 3,000만 원은 있어야 했다. 그것도 전철역과 거리가 먼 뒷골목이었다. 고민 끝에 나는 전철역과 가까운 2층에 사무실을 오픈하기로 결정했다. 외국분들은 자차보다 지하철을 많이 이용하기 때문에 지하철역과 가까운 곳으로 선택했다. 더 중요한 건 보증금이 500만 원이었기 때문이었다.

1층은 오가는 손님들이 쉽게 방문한다. 간판만 보고도 들어온다. 하지만 2층은 달랐다. 단골 고객과 전화로 예약한 고객 외에는 방문자가 없었다. SNS마케팅이 절실히 필요했다. 하지만 아무것도 할 줄 몰랐다. 준비 없이 덜컥 오픈한 사무실이었다. A4용지에 광고 내용을 프린트 한 후 전철역 입구에서 짬짬이 전단지를 돌렸다. 몸만 지치고 효과는 별로 없었다.

인생은 롤러코스터와 같다. 나는 이 말을 참 좋아한다. 밑바닥에 부딪칠까 두려움에 떨다가 다시 창공의 그 시원 짜릿한 흥분을 맛본다. 창공으로 솟아오를 때 짜릿한 전율을 느낀다. 우리의 인생도 마찬가지이다. 사정없이 밑바닥으로 가다가도 다시 위로 올라간다. 언젠가는 위로 갈 수 있다는 확신만 있으면 내려갈 때도 큰 두려움은 없다. 정상의 기쁨을 맛볼 수 있다는 확신이 있기 때문이다. 지금 가난 속에서 허덕이고 원망과 한탄만 하는 사람에게 꼭 말해주고 싶다. 당신의 인생도 롤러코스터와 같다고. 다시 솟아오를 수 있다고 말이다.

인생을 살아감에 있어서 누구나 시련과 어려움, 역경, 위기가 각양각색으로 찾아온다. 그 시련과 위기를 누구나 다 성공으로 바꾸지는 못한다. 하지만 가난 속에서 살아가는 것이 우리의 목표가 아니다. 조금 더 긍정적인 사고로 시련과 역경을 대할 때 기회 또한 다가온다. 포기하지 않고 현실의 난관을 직시할 줄 알아야 한다. 부정의 힘은 긍정보다 훨씬 강하다. 때문에 사람은 부정이란 감정에 더 빨리 스며든다. 부정적 사고는 가랑비에 옷 젖듯이 자기도 모르는 사이에 스며들어 판단과 사고를 흐트러지게 한다. 부정적인 감정으로는 어두운 터널을 빠져나오기가 쉽지 않다. 터널을 나온다고 해서 햇빛이 환하게 비춘다는 보장도 없을 것이다. 마침 터널을 나올 때 어두운 밤일 수도 있기 때문이다. 하지만 밤이 지나면 환한 낮이 온다. 터널 안에 있으면 영원히 암흑만 있을 것이다.

06

나도
간절히 부자가
되고 싶었다

2014년 사무실을 오픈하던 시절이 사십대 초반이었다. 마케팅이라는 글의 뜻도 그때는 몰랐다. SNS가 무엇인지도 몰랐다. 사무실을 내고 보니 나도 이젠 사장이 되었다. 명함 내밀 때는 기분이 좋았다. 매월 임대료 내는 날이 오면 기분이 다운되었다. 한 달 시간이 왜 이렇게 빨리 지나는지 싶었다. 들어오는 돈을 매일 체크하고 나가야 할 돈을 매일 체크하면서 살아야 했다.

나는 타고나기를 숫자에 약한 사람이었다. 한국과 중국의 지폐 금액

차이에서도 보면 한국 돈은 중국 돈보다 숫자 0이 더 많아서 늘 헷갈리곤 했다.

열심히 일을 한다고 하지만 어느 달은 수입이 많고, 어느 달은 겨우 유지해나가고 나는 이런 생활이 싫었다. 사실은 두려움이 더 컸다. 직장 다닐 때 급여로 생활할 때는 돈이 적어도 그 돈만이 나의 전부인 것을 알고 있었기에 씀씀이도 거기에 맞춰서 살려고 노력했다. 자영업을 하다 보니 어느 달의 수입이 많아지면 그 돈으로 쇼핑하고 사고 싶은 거 다 산다. 돈은 밑 빠진 독에 물 붓듯이 금세 빠져버린다. 또 어느 달은 수입이 적게 들어오면 심히 고민에 빠지곤 했다.

불안정한 수입으로 돈에 대해 간절했다. 나도 간절히 부자가 되고 싶었다. 수입을 늘리려면 어떻게든 방문 손님을 늘려야 했다. 2층이라서 방문 손님을 늘리려면 온라인 마케팅을 해야만 했다. 인터넷을 뒤지기 시작하였다. 영업, 마케팅, 화법, 블로그 등등에 대해서 검색을 했다. 오프라인 강의도 듣기 시작하였다. 무료 강의로부터 시작해서 3만 원, 5만 원, 300만 원, 1,000만 원까지 점점 클래스가 높은 단계로 향했다. 돈이 많아서 그 비싼 강의를 결제한 건 아니었다. 너무나 간절했기 때문이었다. 월세 때문에 마음 졸이는 삶이 지긋지긋했다.

수업을 찾아다니면서 성공 사례를 들으면 나도 금세 그렇게 돈을 벌수 있을 것 같았다. 수없이 배우고 성장해가는 과정에서 내가 느낀 것은 기회는 내가 준비된 상태에서 빛을 발한다는 것이다. 나의 경험으로 주변사람들을 만나면 늘 사전에 배워서 준비하라는 말이 입에서 새어나온다. 백 억짜리 기회가 코앞에 있어도 내 그릇이 천 원짜리면 담아낼 수가 없는 것이다. 고가의 강의를 들을 때 나의 그릇은 크지 않았다. 나 스스로 간절해서 배움을 요청하러 다녔지만 딱 그릇만큼 담을 수 있었던 것이다. 하지만 나는 그 배움의 대가를 너무 소중하게 생각한다. 본인들 그릇에 넘치게 담아서 성공한 사장님들과 함께 공부하면서 깨달은 게 너무 많았다. 자기 개인 사업을 하면서 성공하였음에도 또 더 큰 성공을 찾는 사람일수록 끊임없이 자기계발하고 더 노력한다는 것을 그분들을 통해서 깨달았다. 그리고 내가 어떤 삶을 살아야 하는지도 알았다.

나한테는 모든 것이 버거웠다. SNS, 블로그, 유튜브 등등 일단 시작하기로 맘먹었다. 그 시절은 카카오스토리, 밴드, 블로그가 유행이었다. 어설프게 배워도 일단 시작이 반이었다. 다행인 것은 나는 글 쓰는 데는 두려움이 없었다.

블로그 로직에 대해서도 아무것도 몰랐지만 그냥 일상을 일기처럼 써서 올리곤 하였다. 아무리 키워드 잘 잡고 최적화 방법을 안다고 해도 꾸준히 글을 올리지 않으면 꽝인 것이다. 엉덩이를 의자에 붙이고 글 하나라도 더 쓰는 것이 최적화 방법 백 번 연구하는 것보다 효과 있었다. 그때는 글을 써서 올리는 것 외에 아무것도 할 줄 몰랐다. 지금 돌이켜보면 제일 중요한 부분을 행동으로 실행한 것이다.

최근에 유튜브를 시작했다. 유튜브도 나한테는 여전히 산너머 산이다. 유튜브는 말로 하는 영상이라 블로그 세계와 완전히 달랐다. 영상 찍는 데부터 편집까지 소요 시간이 때로는 하루 종일 걸릴 때도 있다. 어디 그뿐인가. 어떤 콘텐츠로 찍어야 할지 고민에 고민을 하게 된다. 영상 찍어도 버벅거리고 마음에 들지 않는다. 다른 유튜버들은 왜 그렇게 말을 잘할까 마냥 부럽기만 하다. 하지만 그들도 처음부터 잘한 건 아닐 것이다.

블로그에서 제일 중요한 것은 글을 써서 올리는 것이다. 그렇다면 유튜브에서 제일 중요한 것이 무엇일까? 답은 간단하다. 그냥 영상을 찍어서 올리는 것이다. 양이 쌓여야 어느 순간 질적인 변화가 오게 된다. 이것 또한 불변의 법칙이다. 오늘도 나는 버벅거리는 나의 모습을 찍어서 올린다. 남이 나를 바라보게 하려면 내 자신이 나를 수백 번, 수천 번 먼저 바라보아야 한다.

가끔씩 법무부에서 외국인들의 비자 체류에 대해 새로운 정책들을 발표한다. 그럴 때는 내가 돈을 벌 수 있는 기회였다. 블로그에 글을 올리면 문의 전화가 빗발치게 울렸다. 먼 지방에도 외국분들이 많이 살고 있다는 것을 그때 알았다. 서울에는 우리와 같은 대행 사무실이 많다. 서울에 사시는 분들은 언제든지 찾아와서 상담을 받을 수 있지만 지방 손님들은 그러하지 못하였다. 전화로 상담을 해드리고 얼굴도 뵙지 못하였지만 계좌로 선입금을 해주었다.

블로그 시절 나는 행복했다. 식당에서 하루 12시간 뼈 빠지게 일을 해도 일당 8만 원이 전부였다. 블로그 마케팅의 기술은 8만 원 버는 데 30분이면 충분했다. SNS시대에는 전화 하나면 어디서든 일을 할 수 있었다. 군이 사무실에서 자리를 지키지 않아도 된다. 전화로 업무를 보면서 나는 내가 하고 싶은 일을 할 수가 있어서 더없이 행복했다. 큰 부를 축적할 수 있는 수입은 아니었지만 월세 걱정은 하지 않아도 되어서 행복했다. 그리고 예쁜 원피스를 사러 백화점을 당당히 들어갈 수 있어서 더없이 행복했다.

배움의 길에서 헛된 것은 없다. 콩을 심으면 콩이 나고 꽃씨를 심으면 꽃이 핀다. 이 또한 불변의 진리이다. 이 세상에서 제일 값진 투자는 자

기 자신에 대한 배움의 투자이다. 너무 흔한 말이지만, 나는 이 말의 진
가를 알기에 지금도 끊임없이 배움으로 자신에게 투자한다. 그리고 이러
한 투자가 더 큰 결과물을 가져다줄 것이라는 걸 알고 있다.

코로나가 우리 생활에 다가오지 벌써 2년이다. 미래학자들은 코로나로
인해 미래가 10년 앞당겨졌다고 한다. 그렇다. 지금은 줌으로 온라인 강
의를 듣는다. 불과 2년 전만 해도 사람들한테 인정받지 못했던 플랫폼이
다. 지금은 인정하지 않는 사람이 이상한 것이다. 시대는 너무나 빨리 변
해간다. 급변하는 이 시대를 내가 감지하지 못한다고 해서 멈춰 있는 건
아니다. 뒤떨어지는 나 자신만 바보스러울 것이다. 떠나간 기차를 원망
해서는 아무 소용없다. 기차가 올 무렵에 내가 탑승할 준비를 하고 있어
야 한다.

사람들은 시대가 너무 빨리 변해서 미래가 불안하다고 한다. 내일 또
어떤 플랫폼이 나올지, 어떤 트렌드가 나올지는 모른다. 그렇다고 지금
의 배움을 포기하면 영영 노숙자가 될 것이다. SNS 세계에서의 노숙자
말이다.

현재 나는 부동산업에 종사하고 있다. 어느 날 근처에 있는 부동산 사
무실에 놀러갔다. 뜻밖에 사장님께서 가게를 내놓으신다고 하셔서 깜짝

놀랐다. 이 사장님의 사무실은 전철역에서 도보 3분 거리에 있는 목 좋은 자리였다. 사장님은 이 자리에서만 15년을 근무했다. 단골도 많을 테고 목도 좋은데 왜 떠나려 하시는지 궁금했다. 사장님은 1년간 폐업 후 쉬면서 마케팅 공부를 하기 위함이라고 하셨다. 사장님은 50대 중반의 중년 남성이었다. 아파트 중개는 여성 중개사님들한테 빼앗기고, 원룸, 투룸은 인터넷 잘하는 젊은 사장님들한테 빼앗기고, 점포, 상가는 코로나로 인해 문 닫는 판이고, 이제는 마케팅을 배우지 않으면 살아남을 수가 없다고 하셨다.

"부동산은 목 좋은 자리 하나면 끝이야!" 이 말이 이제는 식상하다. 아무리 목 좋은 자리도 시대의 흐름을 막을 수 없음이 피부로 강하게 느껴진다. 부동산뿐만 아니라 다른 업종도 다를 바 없다. 지인이 하는 화장품 몰은 아예 간판 자체가 없다. 그래도 연봉 3억이라고 한다. 온라인의 세계가 펼쳐지면서 돈 버는 방식도 달라졌다. 요즘은 젊은 부자가 끊임없이 탄생한다. 온라인의 세계는 그들의 세계이기 때문이다.

유튜버 '신사임당'이 지금이 단군 이래에 돈 벌기 가장 좋은 시대라고 한 말에 깊이 공감한다. 20세기 최고의 물리학자 아인슈타인은 이 세상의 불가사의한 것은 복리라고 하셨다. 나는 온라인의 폭발도 불가사의가 아닐까 싶다. 인터넷의 시작으로부터 세계가 급변하고 있다. 급변하는 세계에 뒤떨어지지 않으려면 어떻게 해야 할까? 정말 가슴 깊이 심사숙고 해야 할 부분이라고 생각한다.

07

부자의
자존감을
키워라

사전을 찾아보면 자존감은 자아 존중감이라고 칭한다. 자아 존중감이란 자신이 사랑받을 만한 가치가 있는 소중한 존재이고 어떤 성과를 이루어낼 만한 유능한 사람이라고 믿는 마음이다. 자아 존중감이 있는 사람은 정체성을 제대로 확립할 수 있고, 정체성이 제대로 확립된 사람은 자아존중감을 가질 수 있다. 자아 존중감은 객관적이고 중립적인 판단이라기보다 주관적인 느낌이다.

자신을 객관화하는 것은 자아 존중감을 갖는 첫 단추이다. 간단히 자존감이라고 부른다. 이 용어는 미국의 의사이자 철학자인 윌리엄 제임스가 1890년대에 처음 사용하였다.

자존감이라는 개념은 자존심과 혼동되어 쓰이는 경우가 있다. 자존감과 자존심은 자신에 대한 긍정이라는 공통점이 있지만, 자존감은 '있는 그대로의 모습에 대한 긍정'을 뜻하고 자존심은 '경쟁 속에서의 긍정'을 뜻하는 등의 차이가 있다. 삶에서의 경험은 자존감에 큰 영향을 준다. 삶에서 어떠한 긍정적 경험과 부정적 경험을 하였는지에 따라 자존감은 변한다.

자존감은 우리가 자라온 환경과도 지극히 큰 영향이 있다. 자존감이 한순간에 늘어날 수도 없는 일이다. 그동안 살아온 환경, 부모한테 받아온 사랑, 가족한테 느껴온 감정 모든 것이 자존감을 좌우지한다.

특히 우리와 같이 이국 타향에서 이주민의 생활을 해가는 사람들은 자존감의 영역에서 많이 민감했다. 나 역시 그랬다. 처음 한국에 왔을 때는 중국에서 왔다는 것을 티 내고 싶지 않았다. 왜 그랬을까? 상대방의 시선이 왜 그렇게 신경이 쓰였을까?

외모상으로 어떻게든 한국 사람처럼 꾸미려고 노력했다. 말하는 억양 또한 서울 말투를 쓰려고 노력했다. 억양은 따라 할 수 있지만 한국에서 사용하지 않는 단어들이 가끔씩 입에서 튀어나올 때는 바로 티가 났다. 그럴 때면 부끄러워서 쥐구멍이라도 들어가고 싶었다. 왜 당당하지 못하였을까? 내가 태어난 나라의 말을 하는데 무엇이 그리 창피스러웠는지. 낮은 자존감은 있는 그대로의 나를 받아들이지 못하였다. 나는 중국에서 왔다. 그렇기에 나는 한국말이 서툴다. 나는 현재 한국 생활에 적응해나가는 과정에 있다. 이것은 창피할 일이 전혀 아니었다.

우리 때는 학교에서 일본어를 외국어로 가르쳤다. 영어는 A, B, C, D도 몰랐다. 직장에 근무할 때의 일이었다. 언론사나 관공서와 가끔씩 통화할 때 서로 메일 주소를 남길 때가 있었다. 메일 주소는 영문자로 구성되어 있어서 서로 영어로 발음을 해야 했다. Z와 J, G의 발음이 너무 똑같게 느껴져서 나는 상대방의 발음을 구분할 수 없었다. 내가 발음을 할 때면 상대방이 또 알아듣지 못하였다.

"죄송합니다. 영어를 못해서요. 좀 천천히 말씀해주시겠어요?"라고 요청하면 될 것을 하지 못했다. 하지 못하는 영어를 아는 척 하는 것, 한국에서 영어를 못하면 무시 당할 수 있다는 잠재의식 속의 생각, 이 모든 것은 다른 사람을 의식하는 데서 나오는 낮은 자존감의 표현이었다.

그 후로 영어 발음표를 우리말로 적어서 책상 위에 붙여놓고 눈에 보일 때마다 읽었다. 그때는 대화 속에 외래어가 익숙지가 않아서 말귀를 알아듣지 못할 때도 많았다. TV나 대화 중 외래어가 나오면 작은 노트에 적어서 생각날 때마다 꺼내서 보았다. 무엇이든 내가 모르는 것은 찾아서 공부했다. 책 살 돈이 아까워서 도서관에 자주 갔다. 도서관에 가면 모든 책을 공짜로 빌려볼 수 있어서 참으로 행복했다.

낮은 자존감 속에서 하루하루를 살아가는 게 정서적으로 힘들었다. 어떠한 사건이 와도 감정의 끝자락에는 자존감이라는 어린아이가 늘 숨어 있었다. 이 아이는 사람들 속에 있어도 외로웠고 혼자 있어도 늘 외로웠다. 하지만 시간이 흐를수록 이 아이는 조금씩 자라났다. 지금은 어엿한 성년이 되었다.

여기까지 오느라 10여 년의 시간을 자신과 싸우며 이겨왔다. 어떻게든 한국에서 나도 잘살고 싶다는 그 신념 하나였다. 바닥이었던 자존감이 한 단계씩 올라갈 때마다 자신감도 한 계단씩 올라갔다. 자존감과 자신감은 짝꿍인 듯싶다. 자존감이 우선인지 자신감이 우선인지는 중요하지 않다. 중요한 건 자존감과 자신감이 가져다주는 결과물이다.

자존감과 자신감은 어떤 계기로 인해서 한순간에 높아지지 않는다. 나는 쪽팔리는 게 싫어서 배움을 택했다. 배워서 익힌 후에는 자신감이 붙었다. 그 과정은 나 스스로 자기계발 하고 나를 채워가면서 나의 중요성을 인지하면서 생기는 것이다. 배움을 채움으로 만드는 과정이 필요하다. 남을 의식하기 전에 나 자신을 채우는 것부터 하라고 얘기하고 싶다. 사람은 작은 것이라도 내가 알고 있는 것에는 자신이 있고 당당해지기 때문이다. 내면이 채워지면 자존감도 높아지고 자신감도 쌓이기 시작한다.

2015년 그해 나는 성공이 너무 간절했다. 사무실을 오픈하고 마케팅을 배우는 것이 시급했다. 그렇게 해서 배움에 투자하기 시작하였다. 영업, 마케팅, SNS, 블로그 등 닥치는 대로 공부하기 시작하였다. 등록한 곳이 한국영업인협회의 경영과 영업에 관한 강의였다. 수강료가 만만치 않았지만 전국 각지에서 학생들이 모였다. 개인 사업자들도 있었고 영업 현장에서 뛰는 사람들도 있었다.

모두 성공을 갈망하는 긍정적인 사람들이었다. 세부적인 스킬을 배우는 것도 좋았지만 나한테는 충격적인 새로운 세계였다. 그때 내가 깨달은 것은 멋지고 훌륭한 사람일수록 더 노력하고 더 앞으로 정진한다는 것이었다. 그들은 모두 자신들의 10년, 20년, 30년 인생 로드맵이 있었다. 그들을 통하여 나의 미래의 인생 그림을 생생하게 그려볼 수 있었다. 그전까지는 나는 우물 안의 개구리였다. 당장 다음 달 생활비만 넉넉하게 벌 수 있으면 좋겠다는 소박한 바람이 전부였다. 지금 나는 이주민 동기부여 강사, 이주민 희망 전도사, 코치, 멘토의 꿈을 펼치며 꿈과 같은 인생을 살고 있다.

7년이란 시간이 흘렀다. 지금도 나는 그때의 메모장을 쳐다볼 때마다 가슴이 뜨거워진다. 언제 봐도 힘이 나는 '나에 대한 질문'은 나의 인생 방향을 잡아준다.

1. 내가 이 세상에 태어난 이유는 무엇인가?
2. 돈을 얼마 벌고 싶은가? 그 돈을 벌려면 어떻게 해야 하는가?
3. 어떤 사람들과 인생을 나누고 싶은가?
4. 그런 사람들을 만나려면 나는 어떤 준비가 되어 있어야 하는가?
5. 책을 많이 읽으려면 어떻게 해야 하는가?
6. 성공자의 외모를 가꾸려면 어떻게 해야 하는가?
7. 지혜를 갖추려면 어떻게 해야 하는가?

8. 나는 지금 최선을 다하고 있는가?

9. 어떤 생활을 누리고 싶은가?

10. 어떤 사람으로 남겨지고 싶은가?

거창한 질문은 아니지만 당신도 위 열 가지 질문에 답해보길 바란다. 그리고 이 열 가지 질문에 대한 답을 노트에 적어놓고 힘들 때 보시기를 추천드린다. 당신이 원하는 삶으로 고속 질주하게 될 것이다.

부동산업에 종사하다 보니 투자나 내 집 마련을 하려고 하는 이주민들을 자주 만나게 되었다. 내 집 마련을 하는 과정에서 이주민들의 애로사항, 고민사항들을 들으면서 그때그때마다 조언을 드렸지만 한계가 있었다. 어떻게 하면 이주민들에게 실질적으로 내 집 마련의 도움을 줄 수 있을까 고민하던 중 위닝북스 출판사 권동희 대표님이 생각났다. 권동희 대표님과의 인연은 거슬러 2017년 〈부동산투자스터디〉에서 부동산 공부를 하면서 인연이 맺어졌다.

권동희 대표님은 〈한국책쓰기강사양성협회(이하 한책협)〉 김태광 대표님의 아내이기도 하다. 늘 밝고 긍정적인 권동희 대표님의 인도하에 〈

한책협〉 123기 학생이 되어 지금 이 책을 집필하게 되었다. 참 신기하다. 끊임없이 배우고 목표를 그리는 사람은 그 목표를 끌어당기게 되는 것이 아닌가. 이것이 끌어당김의 법칙, 즉 우주의 법칙이다. 이 우주의 법칙을 알기 전에는 나도 가난만을 한탄하고 원망했고 슬퍼했다. 지금 나에게는 멋지고 풍요로운 사람들, 부와 좋은 에너지가 끊임없이 끌어당겨오고 있다.

김태광 대표와 권동희 대표는 부부로서 각자의 꿈을 이루었고, 수십 수백 권의 책을 낸 베테랑 작가다. 꿈을 이룬 사업가이고 꿈을 나누는 멘토이자 강연가이며, 수십 억 자산가이고 투자자이면서 또한 창업가로 활동하고 있다. 또한 부부로서 아이 셋과 화목한 가정을 꾸려 행복하게 살아가고 있다. 두 분이 공동으로 저서한 『부와 행운을 끌어당기는 우주의 법칙』은 이렇게 반전의 인생을 살아갈수 있는 경험과 부와 행운을 가져다주는 법칙을 담은 책이다. 여기에서 읽어보시기를 추천한다.

나는 오늘에 이르기까지 모든 것은 배움의 결과물이라 생각한다. 이 세상에는 많은 부류의 사람들이 있다. 인생을 사는 방식은 각자 다를 것이다. 어떤 부류의 사람들은 술과 만남을 인생의 낙으로 삼을 것이다. 또 어떤 부류의 사람들은 도전과 배움을 인생의 낙으로 삼을것이다. 결과물은 우연히 이루어지는 것이 아니다. 꾸준한 노력과 대가라는 과정을 거친 후에 어느 시점에서 우연처럼 찾아오는 것이다.

08

부자의
의식은 무엇이
다를까?

5년 전에 나한테 '의식' 이야기를 하면 '뭐야, 4차원이야?' 하고 속으로 비웃었을 것이다. 그만큼 의식에 대해 관심도 없었고 나 또한 의식이 고만고만하였다. 매일 나 자신만 생각하는 소시민 의식이었을 뿐이었다.

부동산이란 업종에 종사하다 보니 각양각색의 사람들을 만나게 된다. 자산이 많고 부동산에 대해 경험이 많으신 분들은 대체적으로 겸손하고 차분하셨다. 이런 저런 얘기를 나누다 보면 내가 중국에서 왔고 갓 부동산업에 종사한 것을 알고 이런저런 경험담을 더 얘기해주시곤 하셨다. 그럴 때 나는 얼른 노트를 꺼내서 메모하면서 귀를 기울인다. 돈을 주고

라도 배워야 할 주옥같은 경험담들이다. 따뜻한 차 한 잔, 정성스럽게 한 인사 한마디가 늘 더 큰 배려로 나에게 다가왔다.

현장에서 내가 경험한 부동산 시장은 때로는 정직한 시장만은 아니었다. 큰 돈이 오가다 보니 남의 뒤통수 치면서 돈 버는 것이 허다했다. 어느 날 내가 평소 존경하는 사장님 한 분이 사무실에 들려서 차 한잔 나누고 있었다. 마침 우리 사무소를 통해 매수 계약을 체결한 손님한테서 전화가 걸려왔다. 다른 부동산에서 고춧가루를 뿌려서 이것저것 트집잡기 시작했다. 뒤통수를 맞은 듯 울분이 치밀어 올랐다. 고춧가루 뿌린 부동산이 어디냐고 손님한테 언성을 높였다. 이 과정을 지켜본 사장님은 빙그레 웃으며 나를 다독였다.

"최사장, 부동산은 인생 축소판이야. 부동산 1, 2년만 하면 나중에 사기 당할 일은 없어질 거야. 모든 경제가 부동산 시장과 맞물려가고 있어. 부자 동네일수록 싸울 일이 없는 거지. 의식 수준이 다르니까."

그날 나는 의식이 무엇인지 진지하게 생각하게 되었다. 그동안 많은 사람들을 만나면서 계약을 성사하는 과정, 계약이 해약되는 과정 등등이

주마등처럼 스쳐지나갔다. 남이 다 성사한 계약에 왜 고춧가루를 뿌릴까? 남이 광고 올린 물건을 왜 가로채려고 할까? 싸움 나는 것이 두렵지 않을까? 사람들의 심리가 왜 이럴까? 이해되지 않았다. 업무 초반에는 이러한 질문들이 늘 마음속에 있었다.

어떤 사람들과의 대화는 유익하고 즐겁고 좋은 에너지를 얻어간다. 어떤 사람들과의 대화는 나의 에너지가 소진되고 왠지 즐겁지가 않았다. 사람마다 내뿜는 에너지가 모두 다르다. 비슷한 에너지는 조화롭게 연결고리가 이어진다. 하지만 주파수가 다른 에너지는 조화롭지가 않다. 같이 있는 자체가 불편하고 서로 부자연스럽다. 이것은 보이지 않는 에너지장 때문이라 생각한다.

KB금융그룹 〈2021년 한국 부자보고서〉에 따르면 부자들이 생각하는 부자(富者)의 기준을 총자산 '100억 원 이상'으로 생각하고 있었다. 자산 종류별로 부자라면 보유해야 할 최소 자산 규모에 대한 생각을 살펴보면 부동산 자산은 '최소 50억 원', 금융 자산은 '최소 30억 원'으로 나타났다. 부자가 되기 위해 자산을 키워나가고 있는 금융 자산 5~10억 원 미만을 보유한 개인을 '한국 준부자'로 정의하였다. 금융 자산 10억 원 이상 보유한 개인을 의미하는 한국 부자는 2020년 말 기준 39만 3,000명으로 집계되었다.

위의 통계 속에 포함된 한국의 최상위 부자들은 어떠한 사람들일까? 로버트 기요사키는 가난은 정신적인 부분에서 시작된다고 하였다. 부자들의 투자 마인드는 어떠할까 늘 궁금했다. 나는 언제쯤 통계 속의 기준에 들어갈 수 있을까? 부자들은 자기와 비슷한 부자들끼리 어울린다.

한국에 처음 왔을 때 무일푼이었다. 주변의 지인, 친척, 친구 모두 같은 높낮이었다. 우리 모두는 돈을 벌기 위해 악착같이 노동으로부터 시작하였다. 지금도 큰 차이는 없다. 하지만 주변에 하나 둘씩 부의 길로 들어서고 있는 사람들이 나타나고 있다. 작은 건물을 올려서 소유하고 있는 사람들, 부동산 투자로 아파트 몇 채씩 소유하고 있는 사람들, 회사를 운영하면서 부동산을 늘려가고 있는 사람들, 요식업을 하면서 그 건물을 통째로 사는 사람들. 이러한 이주민 부자들이 하나둘씩 늘어나고 있다. 무일푼으로 시작해서 지금의 자산을 이룬 이주민분들이 자랑스럽다. 더 많은 이주민 부자들이 탄생했으면 하는 바람이다.

〈꿈누리독서모임〉은 책을 좋아하고 자기성장을 도모하는 동포들이 모이는 곳이다. 함께 책을 읽고 주 1회 'Zoom(줌)'으로 모여서 독서 토론을 나누며 성장한다. 독서와 성장에 관심이 있는 분들은 꿈누리독서모임에 부담없이 참여하시면 된다. 참여 방식과 독서 모임 내용은 블로그에 기재된 내용을 참고하시면 된다.

<부자로 가는 골든 팁 - 꿈누리독서모임 필독서>

1. 『보도 섀퍼의 돈』, 보도 섀퍼, 북플러스

2. 『나는 된다 잘된다』, 박시현, 유노북스

3. 『백만장자 시크릿』, 하브 에커, 알에이치코리아

4. 『인생에 변명하지 마라』, 이영석, 쌤앤파커스

5. 『돈의 속성』, 김승호, 스노우폭스북스

6. 『나는 4시간만 일한다』, 팀 페리스, 다른상상

7. 『아주 작은 습관의 힘』, 제임스 클리어, 비즈니스북스

8. 『일생에 한번은 고수를 만나라』, 한근태, 미래의창

9. 『삶을 바꾸는 10분 자기경영』, 김형환, 책이있는풍경

10. 『독서 천재가 된 홍 팀장』, 강규형, 다산북스

11. 『마흔의 돈 공부』, 단희쌤, 다산북스

12. 『보물지도』, 모치즈키 도시타카, 나라원

13. 『웰씽킹』, 켈리최, 다산북스

14. 『10미터만 더 뛰어봐!』, 김영식, 21세기북스

15. 『돈과 사람을 끌어당기는 부자의 말센스』, 김주하, 위즈덤

하우스

16. 『백만불짜리 습관』, 브라이언 트레이시, 용오름

17. 『이미 이루어진 것처럼 살아라』, 김태광, 위닝북스

18. 『생각의 각도』, 이민규, 끌리는책

19. 『부자 아빠 가난한 아빠』, 로버트 기요사키, 민음인

20. 『더 해빙』, 홍주연, 이서윤, 수오서재

21. 『운명을 만드는 절제의 성공학』, 미즈노 남보쿠, 바람

22. 『확신의 힘』, 웨인 다이어, 21세기북스

23. 『부의 추월차선』, 엠제이 드마코, 토트

24. 『고수의 질문법』, 한근태, 미래의창

25. 『뜨겁게 나를 응원한다』, 조성희, 생각지도

26. 『멘탈의 연금술』, 보도 섀퍼, 토네이도

27. 『레버리지』, 롭 무어, 다산북스

28. 『백만장자 메신저』, 브렌든 버처드, 리더스북

29. 『세븐 테크』, 김미경, 김상균 외 7인, 웅진지식하우스

30. 『존 리의 금융문맹 탈출』, 존 리, 베가북스

GOLDEN TICKET

2장

내 집이
아니면 언젠가는
떠나야 한다

왜 우리는
내 집 마련부터
해야 할까?

결론부터 말하면 내 집 마련은 부자로 가는 첫 걸음마를 떼는 일이다. 내 집 마련을 하는 것은 부동산 투자에 첫걸음을 딛는 것이다. 투자란 투기가 아니다. 내 집 마련을 계기로 커다란 시세 차익을 노리는 것은 잘못된 생각일 수 있다. 지금 현재 나의 기준에 맞는 집을 제대로 사서 시간의 과정을 견디면 좋은 투자가 될 수 있다.

언론에는 쉴새 없이 집값의 오르내림을 보도한다. 집값이 천정부지로 치솟을 때는 가격이 올라서 두려워서 못산다. 집값이 하락할 때는 더 떨어질까 두려워서 못산다. 시장은 상승장만 있는 것도 아니고 하락장만 있는 것도 아니다. 언론의 보도에 눈이 멀면 내 집이 안 보인다. 그래서 혜안을 가지려면 부동산에 대해 알아야 한다.

모르면 공부해야 한다. 요즘 시대는 공부하기 너무 좋은 시대이다. 유튜브나 블로그 카페 강의 등으로 접하고자 하면 정보를 많이 얻을 수 있다. 무식한데 게으르기까지 하면 고생하는 것은 당연한 것이다. 사기 또한 내가 모르면 당하기 쉽다. 인생에서 제일 중요한 재테크는 내 집 마련이라고 생각한다.

내 집 마련의 좋은 점은 열거하자면 너무 많다.

첫째, 두 번 다시 이사 걱정은 없다. 집주인께서 계약 만료되었으니 집을 비워줘야 한다고 말하지 않을 것이다. 그 집주인이 바로 나 자신이기 때문이다. 시간 내서 집 찾으러 다니는 고생은 없을 것이다. 어느 한 해 나는 1년에 세 번을 이사한 적도 있다. 지긋지긋한 이사, 이제는 안녕이다.

둘째, 집을 내 취향대로 꾸밀 수 있어서 행복할 것이다. 내 집이 아니라서 대충 해놓고 살아온 날들과 이제는 굿바이! 벽에 못 자국 하나 남기는 것마저 신경 쓰이던 시절은 이제는 없다. 원하는 취향으로 꾸민 나의 향기가 가득 넘쳐나는 보금자리가 될 것이다.

셋째, 황금 거위알을 안고 매일 밤 잠을 잘 것이다. 모든 주택이 사놓기만 하면 가격 상승하는 것은 아니다. 하지만 땅값이 오르고 물가가 오른 만큼 집값도 꾸준히 오른다. 보이지 않는 황금 거위알을 집주인한테 바칠 것인가? 내가 소유할 것인가? 생각해보아야 한다.

넷째, 내 집 마련을 해야 투자의 눈이 뜨인다. 전세나 월세로 생활할 때는 전월세 가격에만 신경 쓴다. 집의 가격에는 큰 관심이 없다. 내 집이 생기면 부동산 가격 상승과 하락에 관심이 생긴다. 진정한 재테크가 시작된다.

집을 매수한 손님들을 만나면 항상 "우리 집이 올랐어요?"라고 묻는다. 내 집이 없는 손님들은 "요즘 집값이 어때요?"라고 묻는다. 본질적인 차이가 있지 않은가?

다섯째, 내 집 마련을 해야 돈이 모인다. 허리띠 졸라매고 원금과 이자를 갚다 보면 갚은 돈은 곧 나의 자산이 된다. 돈 쓸 기회는 항상 호시탐탐 기다리고 있다. 은행의 저축통장에 쌓이기도 전에 써야 할 명분이 생긴다.

여섯째, 내 집 마련으로 자신감과 자존감이 업된다. 내 집 마련은 스스로 노력의 결과에 대한 인정이다. 자신감이 넘쳐난다. 주변 지인뿐만 아니라 자녀 혹은 부모님 앞에서 당당하다. 같은 출발선에서 남보다 먼저 하는 내 집 마련은 몇 년 후에는 커다란 차이가 있을 것이다.

일곱째, 내 집 마련을 일찍 한 사람은 재테크에 빨리 눈을 뜬다. 돈을 모으는 데 집중이 되고 돈이 모이면 굴릴 생각을 많이 한다. 그러니 일찍부터 부동산을 배우고 재테크를 배우게 된다. 단순히 내 집 마련을 일찍 했다는 것만으로 남들보다 앞서갈 수 있다.

2016년 A씨 부부는 한국에 온 지 10년 만에 집을 장만하였다. 서울 신림역 근처에 14평 투룸 빌라를 매입하였다. 당시는 대출을 끼고 사다 보니 매월 내야 하는 원금 이자가 약 70만 원 정도였다. 매월 월세보다 조금 더 많은 금액이었다. 그 후 5년 A씨 부부는 나머지 대출금을 모두 갚았다. 대출 빚이 없는 온전한 나의 집으로 만들었다. 2019년 서울집을 전세를 놓고 그 전세금에다 대출을 더해서 25평 아파트로 이사 갔다. A씨 부부의 사례는 짧은 시간 안에 집 두 채로 부를 이룬 사례이다.

B씨 부부의 사례이다. B씨 부부는 한국에 온 지 약 10년 정도 되었다. 그동안 돈을 모아서 중국 고향에 아파트 한 채를 장만하였다. 어느 정도 돈을 모은 후 늘그막에는 중국에 가서 노후를 보낼 계획이었다. 어렵게 장만한 새 아파트를 처음부터 세입자에게 넘겨 주기가 아까워서 그대로 공실로 두었다. 그 집도 약간의 대출이 있었다. 한국의 월세와 중국의 매월 납부해야 될 대출금으로 매일 일을 멈출 수가 없었다고 한다.

B씨 부부는 중국으로 갈 계획이었기에 한국에 집을 살 생각은 없었던 것이다. 그러나 변화는 늘 계획보다 더 빠르다. 한국 생활에 익숙해지다 보니 노후를 한국에서 보내는 것이 더 나을 것 같다는 생각이 들었다. 한국에서 내 집 마련을 하기 위하여 중국 아파트를 팔아야 했다. 웬걸 갑자기 코로나라는 불청객이 찾아왔다. 오갈 수 없는 상황이라 내 집 마련은 지금까지 미루고 있다. 코로나가 발생한 2년 사이 집값이 너무 올랐다. 지금 내 집 마련을 하고자 한다면 2년 전의 그 가격으로는 살 수가 없다.

B씨 부부와 유사한 사례를 가지고 계신 분들이 너무 많다. 중국에 아파트 두 채, 세 채씩 가지고 있다. 번듯한 아파트를 공실로 두고 정작 본인들은 한국에서 다가구 월세방으로 살고 계신다. 집을 매도하는 데는 순수 나의 결단 하나면 된다. 어려울 거 하나도 없다. 대개 나중에 팔지 못할까봐 두려워하시는 분들도 많다. 자본주의 사회에서 시장은 자유경쟁의 시장이다. 내가 원하는 가격에 팔 수도 있고, 더 저렴하게 팔 수도 있다. 매도하는 게 걱정이라면 시장 가격보다 조금만 더 저렴하게 내놓으면 파는 건 어렵지 않다.

천안의 제조업체에서 근무하는 C씨 부부의 사례이다. 결혼 7년 차 신혼부부이다. 아기가 둘이 있었고 남편 혼자 외벌이 집안이었다. 부모님들의 약간의 도움으로 천안에 어느 대단지의 아파트 한 채를 장만하였다.

아파트의 생활은 아이들에게 더없이 좋은 교육 환경이다. 아파트의 생활은 부모나 아이들에게 모두 심리적인 안정감을 준다. 같은 단지 내에서는 친구들이 많이 생긴다. 2~3년마다 이사를 하게 되면 친구를 사귈 수 없게 된다. 아이들의 정서에도 영향을 줄 수 있다.

투자보다 더 중요한 것은 내 집 마련이라고 생각한다. 투자를 고려한 다면 우선 내 집 마련부터 하고 부동산 투자를 하라고 권하고 싶다. 이것은 나의 주관적인 견해이다.

2017년 나에게는 약간의 모아놓은 돈이 있었다. 그때 한창 부동산에 곁눈이 가던 시절이었다. 남들이 부동산 투자를 해서 이룬 성과를 보면서 나도 투자만 하면 금방 부자가 될 것 같았다. 과한 욕심은 늘 화를 부른다. 그리고 내가 알지 못하는 분야에 투자하면 열에 아홉은 실패일 가능성이 많다.

부동산은 투자만 하면 돈이 눈덩이처럼 불어날 줄 알았다. 돈의 욕심으로 지방의 작은 도시에 투자하였다. 욕심으로 투자한 물건은 나에게 3년간의 지극히 혹독한 시간을 선물해주었다. 그 후 지금의 투자 철칙이 생겼다. 첫째, 내가 알지 못하는 부동산에는 절대 투자하지 않는다. 둘째, 절대 다른 사람의 말만 믿고 투자하지 않는다.

부동산에는 영역이 너무 넓고 깊다. 또한 많은 돈이 들어간다. 때문에 투자도 망설여지고 내 집 마련도 망설여진다. 부자들은 하락기에도 버틸 수 있는 자력이 있다. 그래서 더 큰 부자가 된다. 장기간을 놓고 보면 부동산은 상승하게 되어 있기 때문이다.

내 집을 가지고 있는 사람들과 없는 사람들을 비교했을 때 30년 후 자산 가치가 약 8억 원 정도 차이가 난다고 한다. 내 집 마련의 꿈을 꼭 세우기 바란다. 그리고 그 꿈의 목표를 꼭 이루기 바란다. 지하 월세방부터 시작해서 번듯한 아파트에서 내 집 마련하여 살고 계신 분들이 너무 많다. 수년 후에 아직도 월세방에서 살고 있다면 당신은 진지하게 자신의 인생을 고민해보아야 할 것이다.

무주택자, 당당하게 내 집 마련하는 방법

예나 지금이나 중국이나 한국이나 집에 대한 로망은 비슷하다. 사람들은 부의 상징이 어떠한 집에 살고 있고 집 몇 채를 소유하고 있는지에 의해 결론을 짓는다. 그만큼 집은 우리에게 있어서 갈망의 대상이 되고 비교의 대상이 된다.

월세방에서 탈출해서 내 집 마련에 성공한 이주민들이 늘어나고 있다. 그만큼 열심히 살았다는 증거이기도 하지만 사고방식의 전환이기도 하다. 월세가 편하다고 말하는 사람은 영영 월세로 전전긍긍한다. 진정한 내 집에서 살아가는 라이프는 힐링이고 자신감이다. 내 집 마련에 성공한 사람들은 이제는 집을 넘어선 또 다른 부의 목표로 정진한다.

한국에서 내 집 마련을 하는 방법에는 다음 몇 가지가 있다.

청약

청약은 일명 로또라고도 한다. 당첨만 되면 거의 대부분이 프리미엄이 붙기 때문이다. 그래서 너도나도 청약으로 몰려든다. 서울의 어떤 지역은 몇백 대, 몇천 대 1인 경우도 있다. 하지만 로또는 아무나 당첨되지 않는다. 청약도 쟁쟁한 경쟁률을 뚫고 당첨된다는 것은 엄청난 노력과 운이 필요하다.

한 가지 더 중요한 것은 청약은 내국인에게만 기회가 주어진다. 외국인은 신청 자격에 해당이 되지 않는다. 이미 귀화하신 분들은 청약에 관심을 가져볼 만하다.

분양권

분양권 매매를 하는 것이다. 신축 아파트에 프리미엄을 붙여 매매를 하는 것이다. 청약에서 당첨이 되지 않으면 분양권 매매의 방식도 많이들 활용한다. 한국 엄마들은 입지가 다소 떨어져도 신축을 더 선호하는 편이다.

분양권에도 투자를 잘하면 돈을 벌 수 있다. 다만 정부 정책의 영향을 많이 받는다. 지금은 분양권 전매 제한으로 분양권 투자도 어렵다. 여유 자금이 되신다면 분양권으로 좋은 아파트를 선점하는 것도 내 집 마련의 좋은 방법이다.

구옥 아파트 매매

대부분은 이 방법을 많이 활용한다. 집주인이 다른 곳으로 이사 나가면서 매도하거나 전세 세입자가 들어 있는 상태에서 매도를 한다. 공인 중개사 사무소나 인터넷의 매물을 접하고 매수를 하는 경우가 대부분이다. 대출이라든가 여러 가지 상황을 사전 파악해야 한다.

재개발 빌라 매매

제대로 된 재개발 빌라 하나 잘 잡아서 인생 역전하고 싶은 마음 굴뚝 같다. 그러나 유혹이 큰 만큼 리스크도 크다는 걸 알아야 한다. 재개발은 많은 공부가 필요하다.

다 알고 들어가도 자칫 잘못하면 자금이 묶일 수가 있다. 재개발은 절대로 1, 2년으로 끝나는 사업이 아니기 때문이다. 사업성이 없는 재개발에 투자를 했다가는 큰 낭패를 볼 수 있다.

신축 주거용 오피스텔

이주민들은 주로 신축 주거용 오피스텔이나 신축 빌라를 위주로 내 집 마련을 많이 한다. 오피스텔은 아파트나 빌라에 비해 취득세가 많이 나오는 단점이 있다. 하지만 대부분 전철역과 가까운 초역세권에 위치하는 장점도 있다.

대단지 아파트는 비싸서 쉽게 근접하기 어렵다. 대단지 아파트가 좋다는 건 누구나 알고 있다. 아파트에도 나홀로 아파트가 있고 대단지 아파트가 있다.

앞서 말했다시피 초초역세권의 나홀로 아파트보다 전철역과 거리가 조금 멀더라도 대단지 아파트가 훨씬 상승 가치가 있다. 하지만 대단지 아파트는 가격이 만만치 않다. 최근 대출 규제가 강화되고 있는 요즘 시점에서는 실입주금이 더 많이 있어야 한다. 하지만 어느 정도 자본금이 준비된 분이라면 대단지 아파트로 눈을 돌리시길 권유한다. 나의 고정적인 생각과 한계를 타파해야 한다.

2019년 봄 실입주금이 넉넉하신 S고객분이 찾아왔다. 남편은 현장에서 책임자로 일하다 보니 자금 여력이 있었다. 나는 손님의 프레임에 맞춰서 1,300세대 대단지 아파트를 추천했다. 그 아파트는 신축 아파트라 분양권으로 매수할 수 있었고 아직 입주 전이었다. S손님은 다른 부동산을 통해서도 집을 많이 보았다.

결국은 나홀로 도시형 생활 주택의 집을 선택했다. 지금 그 대단지 아파트는 그때 시세보다 3억이 더 올랐고, 도시형 생활 주택은 여전히 그대로이다.

이주민들은 빌라나 주거용 오피스텔을 많이 선호한다. 빌라는 가격 방면에서도 저렴하고 관리비도 부담이 없다. 주거용 오피스텔은 아파트 구조와 거의 비슷하고 관리도 전문 관리 업체에서 하기 때문에 사는 데 편리하고 좋다. 주거용 오피스텔 같은 경우는 전철역과 가까운 곳에 위치하기에 출퇴근도 상대적으로 편리한 것이다.

적은 실입주금으로 내 집 마련을 할 수 있는 방법은 많이 있다. 한국에서 합법적인 체류 비자를 가지고 있고 경제적인 수입원이 있으면 대출도 어렵지 않게 나온다.

다음은 내 집 마련 시 매월 부담해야 할 금액에 대한 간단한 예시이다.

원리금 균등 방식/ 30년 대출 상환 가정 시

예 : 3억짜리 집을 산다고 가정할 때

매매가 : 3억

실입주금 : 1억

대출 : 2억

취등록세 : 3억×1.4% = 420만 원(법무사비 포함한 대략 금액)

(여기에서 오피스텔과 근린 상가는 취등록세 4.6%)

대출 2억 시 매월 원금 이자 납부액 : (금리 4%로 계산)

원리금 균등 상환 방식으로 계산

매월 상환금 : 954,831원

그중 - 원금 288,164원

　　　이자 666,667원

　　내 집 마련은 부자로 가는 골든 티켓이다

이자 계산기

적금   예금   **대출**   중도상환수수료

대출금액	200,000,000 원
	2억원

대출기간   년   개월   **360**개월   연이자율   **4** %

상환방법   **원리금균등**   원금균등   만기일시

대출원금	**200,000,000** 원
총대출이자	**143,739,013** 원
총상환금액	**343,739,013** 원
1회차 상환금액	**954,831** 원
	월별 더보기 >

월별 상환금과 대출잔금 · 원리금균등상환

회차	납입원금	대출이자	월상환금	대출잔금
1	288,164	666,667	954,831	199,711,836
2	289,124	665,706	954,831	199,422,712
3	290,088	664,742	954,831	199,132,623
4	291,055	663,775	954,831	198,841,568
5	292,025	662,805	954,831	198,549,543
6	292,999	661,832	954,831	198,256,544
7	293,975	660,855	954,831	197,962,569
8	294,955	659,875	954,831	197,667,613
9	295,939	658,892	954,831	197,371,675
10	296,925	657,906	954,831	197,074,750
11	297,915	656,916	954,831	196,776,835
12	298,908	655,923	954,831	196,477,927
13	299,904	654,926	954,831	196,178,023
14	300,904	653,927	954,831	195,877,119
15	301,907	652,924	954,831	195,575,212
16	302,913	651,917	954,831	195,272,299

원금 균등 방식 / 30년 대출 상환 가정 시

예 : 3억짜리 집을 산다고 가정할 때

매매가 : 3억

실입주금 :1억

대출 : 2억

취등록세 : 3억×1.4% = 420만 원(법무사비 포함한 대략 금액)

(여기에서 오피스텔과 근린상가는 취등록세 4.6%)

대출 2억 시 매월 원금 이자 납부액 : (금리 6%로 계산)

(원금 균등 방식은 원리금 균등 방식보다 금리가 더 비싸다는

걸 유의해야 한다)

원금 균등 상환 방식으로 계산

매월 상환금 : 1,555,556원

그중 - 원금 555,556원

　　　이자 1,000,000원

이자 계산기

적금 예금 **대출** 중도상환수수료

대출금액 **200,000,000** 원
2억원

대출기간 년 개월 **360**개월 연이자율 **6** %

상환방법 원리금균등 원금균등 만기일시

대출원금 **200,000,000** 원
총대출이자 **180,500,000** 원
총상환금액 **380,500,000** 원

1회차 상환금액 **1,555,556** 원
월별 더보기 >

월별 상환금과 대출잔금 원금균등상환

회차	납입원금	대출이자	월상환금	대출잔금
1	555,556	1,000,000	1,555,556	**199,444,444**
2	555,556	997,222	1,552,778	**198,888,889**
3	555,556	994,444	1,550,000	**198,333,333**
4	555,556	991,667	1,547,222	**197,777,778**
5	555,556	988,889	1,544,444	**197,222,222**
6	555,556	986,111	1,541,667	**196,666,667**
7	555,556	983,333	1,538,889	**196,111,111**
8	555,556	980,556	1,536,111	**195,555,556**
9	555,556	977,778	1,533,333	**195,000,000**
10	555,556	975,000	1,530,556	**194,444,444**
11	555,556	972,222	1,527,778	**193,888,889**
12	555,556	969,444	1,525,000	**193,333,333**
13	555,556	966,667	1,522,222	**192,777,778**
14	555,556	963,889	1,519,444	**192,222,222**
15	555,556	961,111	1,516,667	**191,666,667**
16	555,556	958,333	1,513,889	**191,111,111**

네이버 검색창에 '대출 계산기'라고 적으면 대출 금액을 계산할 수 있는 화면이 나온다. 본인이 대출하고자 하는 금액과 기간 이자율을 입력하면 매월 납부할 금액이 나온다.

중도 상환 수수료도 계산에 입력만 하면 된다. 아니면 핸드폰 어플에 '대출 계산기'라고 검색해서 어플을 다운 받으면 핸드폰에서 그때그때 계산할 수 있어서 편리하다.

내 집 마련은 부자로 가는 골든 티켓이다

서울은 더 말할 나위 없고 경기권에도 웬만한 투룸도 월세가 60만 원 ~70만 원이다. 거기에다 주차 가능하고 3룸까지 바란다면 월세는 더 비싸다. 은행에 내는 이자는 월세로 생각하면 편할 것이다. 은행으로 내든 임대인에게 내든 어차피 그 돈은 내 주머니에서 나가야 할 돈이다. 다시 돌아올 수 없는 돈이다. 하지만 여기서 잠깐!

실거주로 살고 있다면 이집은 가치 상승을 바라볼 수 있다는 것이다. 어차피 나는 실거주로 살 거니까 시간이 지나면 땅값은 오르게 되어 있다. 월세로 산다면 이사 나갈 때 이 집은 추억으로만 남겨질 뿐이다.

요즘 집값이 많이 올랐다. 하지만 찾아보면 여전히 괜찮은 집은 많이 있다. 내가 노력하고 발품 판 만큼 보이게 되는 것이 부동산이다.

03

상승
가치가 있는 집을
찾아라

집은 우리 모두의 삶의 터전이다. 그동안의 경험으로 보면 이주민들은 집을 살 때 비교를 많이 하지 않는 편이다. 집을 보는 것도 짧은 시간에 여러 집을 보고 결정한다. 짧은 시간 안에 볼 수 있는 것은 극히 한정적이다. 시각적으로 끌리는 대로 결정하는 경우가 많다. 대부분 시간이 많이 없어서 그렇기도 하다. 하지만 억대로 가는 집을 사는데 피곤해도 조금 더 발품 파는 게 맞다고 생각한다.

자동차를 살 때 카탈로그를 보고 인터넷을 통해 자료를 모으고 지인들한테 자문도 구하며 이리저리 비교한 후에 구매한다. 자동차는 한 번 사면 보통 5년~10년을 탄다. 집은 적어도 10년 이상 거주하는 곳이다. 그러기 때문에 자동차 살 때보다 더 신중하고 비교를 많이 하고 결정하는 것이 마땅하다.

좋은 집을 선택함에 있어서 아래 몇 가지는 필히 체크해야 할 사항들이다.

1) 역세권에 있는지 보라. 도보로 10분 이내로 전철을 탈 수 있는 곳이면 좋은 집에 속한다. 거기에다 더블 세권, 트리플 세권이면 더 말할 나위 없다. 부동산에 있어서 경제적인 가치 형성의 척도는 교통 밀집도이며 이것에 따라 그 지역의 발전 여부가 결정된다. 교통이 좋은 곳은 자연스럽게 일자리도 따라온다. 주변에 편리한 생활 시설이 역세권에 따라서 생기게 되므로 편리할 수밖에 없다. 자연스럽게 역세권은 수요가 따라온다. KTX, GTX, 지하철 등등 이러한 역세권 주변의 부동산 가격이 엄청 올랐다는 사실이다.

2) 대단지를 사야 한다. 한국에서는 보통 1,000세대 이상이면 대단지로 본다. 대단지는 비싸지만 향후 가치 상승의 기대가 크다. 아주 초초

역세권에 있는 나홀로 아파트보다 도보로 조금 떨어지더라도 대단지가 더 낫다. 연식이 조금 더 오래 되어도 대단지가 낫다. 1,000가구 이상의 대단지 아파트는 주택 성능 등급 표시제가 의무이다.

소음, 구조, 환경, 생활 환경, 화재 및 소방 등급 등의 평가항목을 의무적으로 고시하도록 되어 있어 1등급에 가까울수록 좋은 아파트이다. 또한 세대수가 많으면 시세 파악이 쉽고 거래가 잘 된다. 다시 말해 환금성이 좋다는 것이다. 대단지일수록 합리적인 관리비와 편리한 생활 인프라가 갖추어져 있는 경우가 많다.

3) 용적률을 봐야 한다. 용적률을 몰라서는 절대 안 된다. 주상복합 아파트보다 대단지의 판상형 아파트를 선호하는 것은 용적률 때문이다. 보통 용적률이 300% 정도면 2배까지 지을 수 있다. 나중에 재개발 시 세대를 1,000 세대에서 2,000세대까지 늘릴수 있다는 얘기다. 세대수가 많이 늘어날수록 내가 내야 하는 추가 분담금이 줄어들게 되어 많은 경제적 이익이 창출된다.

4) 대지 지분이다. 25평 아파트를 샀을 때 내가 땅을 얼마 가지고 있는가? 대지 지분이 20평이라면 20평의 땅을 사는 것과 같다. 건물은 시간

이 흐를수록 노후가 되기 때문에 가격은 내려가지만 토지의 가격은 상승한다. 그렇기 때문에 그 집이 노후가 되었을 때 건물의 가치는 거의 없고 땅값만을 인정받게 된다. 다시 말해 살고 있는 아파트가 노후되어 재건축할 시 내가 소유한 아파트 대지 지분에 따라 추가로 내야 하는 분담금의 규모가 결정된다.

아파트나 빌라를 살 때 집이 몇 평인지는 관심이 있지만 그 집의 대지 지분은 신경쓰지 않는 경우가 많다. 하지만 지금 신축 집을 사게 되면 최소 50년 후 재개발이 가능하기에 너무 대지 지분에 1순위 초점을 맞출 필요는 없다고 생각한다.

5) 학군. 초등학교가 집값에 영향을 많이 준다. 세대수가 많은 단지는 인접한 곳에 교육 환경이 잘 조성되어 있다. 지금은 자녀가 없어 학군을 생각하지 않는다 해도 구입하는 아파트는 좋은 학군을 가져야 한다. 나중에 집을 팔게 될 때 학군에 따라 가격 상승의 폭이 다르기 때문이다. 또한 학군이 좋은 곳은 아파트값이 잘 떨어지지 않는다.

6) 집의 향이다. 대부분의 사람들은 남향집을 좋아한다. 남향집은 거실 창이 남쪽에 있어서 하루종일 해가 잘 들어온다. 동향은 아침에 해가 잠

깐 들어오고, 서향은 해질 때까지 들어온다. 햇빛이 잘 들어와야 집도 밝고 따뜻하며 밝은 기운도 들어온다. 그러나 오래된 단독주택은 앞으로 재건축을 통해 앞이 막힐 염려가 있기에 남향이라도 체크해야 한다.

7) 공공 편의 시설 여부 및 의료 시설, 기타 문화 시설, 스포츠 센터, 백화점 등의 시설이 가까운 집일수록 생활의 편의성 때문에 정말 살기 편하고 사람들이 선호한다. 사람들의 생활의 질이 갈수록 요구가 높아지면서 주변의 편의 시설에 대한 요구도 높아지고 있다.

8) 주변의 혐오 시설, 유흥업소 등도 확인해야 한다. 가스 저장소, 쓰레기장, 오물 처리장 등의 혐오 시설이나 각종 공장 등 공해 시설 요인은 가격 형성에 부정적 요소로 작용한다. 혐오 시설 근처의 집은 집값이 잘 오르지 않는다.

9) 구옥을 살 때는 누수와 곰팡이를 꼭 확인해야 한다. 누수 발생 시 쉽게 찾아서 고칠 수도 있으나 아파트의 경우 누수의 근본적인 문제를 발견하지 못할 시 고치기 어려울 수도 있다. 간혹 큰돈을 들여서 고쳐야 할 수도 있다. 처음에는 전혀 생각지 못했던 비용들이 발생할 수 있다. 때문

에 누수와 곰팡이의 흔적이 있는지 없는지 꼼꼼히 살펴야 한다.

10) 집의 내부 상태를 잘 확인한다. 물은 잘 나오는지, 해는 잘 들어오는지, 벽지는 깨끗한지, 싱크대는 깔끔한지 등등을 체크한다. 집의 내부 상태는 인테리어에 해당하는 부분이다. 설령 좀 더럽다 하더라도 비용으로 얼마든지 개선할 수 있는 부분이다.

1번~8번은 외부적 요인이고, 9번~10번은 내부적 요인이다. 내부적 요인은 돈으로 해결할 수 있는 부분이지만 외부적 요인은 우리의 인위적인 방법으로 해결되지 않는다. 때문에 우선순위를 내부보다 외부에 더 중점적으로 두는 게 좋다. 지금 대단지 아파트를 살 수 없다고 해서 영원히 사지 못하는 것은 아니다. 작은 집으로부터 시작해서 모은 돈으로 충분히 대단지 집으로 갈아탈 수 있다. 한 번 사면 영원히 그곳이 내 집이라는 생각을 전환해야 한다.

경매로
내 집 마련하기,
제대로 알자

경매 물건은 어떻게 나오게 되는 것일까? 강제 경매와 임의 경매 두 가지로 나뉜다. 강제 경매의 경우는 채권자가 차용증으로 법원에 경매를 신청하면, 법원은 채무자에게 돈을 갚으라고 선고한다. 채권자는 법원으로부터 확정 판결을 받아 경매를 신청하는데 이런 경우가 강제 경매다.

은행에서 집을 담보로 근저당권을 설정하고 돈을 빌려준다. 채무자가 은행 이자를 내지 못하게 되면 은행은 법원에 경매 신청을 바로 할 수 있다. 이렇게 진행되는 경매가 임의 경매다. 무리해서 집을 사게 되면 임의 경매에 처할 위험에 놓이게 된다. 때문에 집을 살 때는 꼭 상환 능력 범위 내에서 대출을 받아야 안전하다.

나는 경매에 대해 경험이 없다. 잠깐 경매 학원에 다녀서 배운 적은 있다. 학원을 통해 몇 번 낙찰 경험은 있었지만 매번 유찰되었다. 경매로 성공한 사람들도 부지기수로 많다. 다른 사람이 하면 쉬워 보이고 내가하면 어렵다. 한국의 법 과목은 우리한테는 많이 생소하다. 경매에 관심이 있다면 정말 제대로 배워서 실천하시길 바란다. 간단한 용어 정도가 아니라 법에 대해서도 알아야 판단 능력이 생긴다.

아래는 A의 사례이다. 경매 물건으로 내 집 마련의 꿈을 이루려고 하다가 실패한 사례이다.

A씨는 중국에서 대학 졸업하고 몇 년 전 한국으로 와서 월세로 살고 있었다. 매월 내는 월세에 계약 기간이 끝나면 월세 인상에 내 집 마련을 서둘러야겠다는 생각이 든다. 신혼집을 월세로 시작하자니 슬픈 생각이 들었다. 전세로 살까 생각했지만 전세 사는 주변 지인들 얘기도 전세 계약 만료하면 전세금을 올려주거나 다른 곳으로 이사를 다녀야 한다고 했다. 매번 이사하는 것도 쉬운 일이 아니였다. A씨는 원룸, 빌라, 오피스텔 여러 집을 이사하며 살았다. 한국 온 지 얼마 되지 않았고 수중에 모

은 돈으로는 집을 마련하기가 어려웠다. 사람들과 소통을 하다 좋은 소식을 들었다. 경매로 나온 집은 싸게 살 수 있다는 것이다.

A씨는 근처의 경매 학원에 2개월 과정의 경매 실무반 강의를 신청했다. 학원에서 권리와 관련된 사항과 실제 경매를 하는 과정에 관한 공부를 하였다. 학원에서는 실제로 경매에 관한 권리 분석, 유치권, 법정 지상권, 지분 경매 등등에 관한 이론을 배운다. 경매 진행 절차와 명도에 대하여 명쾌하게 학습하였다.

경매는 진행되면서 여러 가지 리스크가 있을 수 있다. 이런 리스크를 헷지하는 방법, 또한 그 사이에 있을 수 있는 갖가지 경우를 실경매 물건을 통하여 학습하였다. 송달, 경락 대출 방법과 실제 등에 대하여도 빠짐없이 학습하였다. 그리고 경매를 하면서 가장 두려워하는 명도의 방법도 배우고 지지옥션을 통한 경매 물건 검색과 응찰 가격 결정론에 대한 공부도 하였다.

학원에서는 법원 현장 실습도 함께 병행한다. 실제로 이루어질 수 있는 많은 실수들을 없애 실수 없는 응찰을 할 수 있게 위함이다. 법원에서의 경매 일정을 참조하여 법원에서의 실제 응찰 실습을 하였다.

그러던 어느 날 광주광역시의 빌라 한 채가 낙찰되었다. 낙찰 당시는 매우 기뻤다. 실전에 성공했기 때문이다. 하지만 기쁨도 잠시이다. 낙찰받은 후의 후속 과정에 대해서는 전적으로 본인이 감당해야 하는 부분이다. 명도에 대한 부분, 이 집의 전세 세입자를 구하는 부분.

A씨는 서울에 거주하고 있었다. 근처 부동산마다 세입자를 잘 부탁했고, 내부도 수리도 잘 해놓았지만 세가 나가지 않았다. 주변의 월세 수요가 없었던 것이다. A의 경매 과정에서의 문제점을 잠깐 정리해본다.

1. 목표 수정이다. 처음 내 집 마련을 목표로 잡았으면 낙찰 범위를 본인이 거주하는 서울 경기권까지 좁혔어야 했다. 내가 살 집을 찾다가 방향을 투자로 바꾸었던 것이다.

2. 경매 낙찰 후의 후속 과정에 대해 공부를 하지 않았다.

3. 물건에 대한 사전 임장 조사가 부족했다. 이론으로만 공부했다. 학원 교육을 받으며 권리 분석과 임장의 중요성에 대하여 배우기만 하고 현장에 한번도 가보지 않아 이런 일이 생긴 것이다.

권리 분석은 기본이고 임장 활동을 맑은 날 그리고 비오는 날도 하여야 한다. 부동산 경매를 통한 집 마련 잘 알고 실천해야 한다.

최근에 전국적으로 집값이 많이 올랐다. 집값이 오를수록 이주민들의 내 집 마련은 어려워진다. 그러나 실패의 두려움 때문에 부자 될 기회를 놓쳐서는 안된다. 한국에서 살다 보면 한국 생활 적응이 되어 많은 분들이 생각을 바꾸게 된다. 노후를 한국에서 보내기로 결정한다. 노후가 오기 전에 내 집 마련은 해야 되지 않을까?

한국에는 연금 주택이라는 제도가 있다. 한국주택금융공사에서 관할한다. 노후에 집 한 채를 가지고 있으면 그 집을 담보로 매월 연금을 받을 수 있다. 죽을 때까지 받을 수 있고 떠나기 전에 청산 금액이 남아 있으면 상속도 가능하다.

한국주택금융공사는 주택 금융 등의 장기적·안정적 공급을 촉진하여 국민의 복지 증진과 국민 경제의 발전에 이바지함을 목적으로 2004년 3

월 1일 출범한 공기업으로서 보금자리론과 적격 대출 공급, 주택 보증, 유동화증권 발행 등의 업무를 수행하는 기관이다.

<부자로 가는 골든 팁 – 경매 공부에 도움되는 사이트, 책 추천>

경매 사이트 추천

스피드옥션 http://www.speedauction.co.kr/

지지옥션 https://www.ggi.co.kr/

굿옥션 https://www.auction1.co.kr/

경매 관련 책 추천

·『왕초보도 바로 돈 버는 부동산 경매의 기술』, 정민우, 유근용, 비즈니스북스

·『싱글맘 부동산 경매로 홀로서기』, 이선미, 지혜로

·『부동산경매 무작정 따라 하기』, 이현정, 길벗

05

청약으로
내 집 마련하기,
꼼꼼히 챙기자

귀화한 이주민들이 늘어나면서 청약에 관심이 많이 간다. 주택 청약이란 주택을 분양받으려는 사람이 청약 저축에 가입하여 일정 금액을 납부하고 분양권을 취득하는 것을 말한다.

내 집 마련을 하기 위하여 가장 먼저 하는 일이 청약 통장을 만드는 일이다. 청약 통장이란 청약을 하려고 하는 사람들이 은행에서 입주자 저축통장을 개설하는 것을 말한다. 청약은 새 아파트를 살 때 필요하지만 기존 아파트는 청약이 필요 없다. 새 아파트는 크게 국민 주택과 민영 주택 두 종류로 나뉜다.

국민 주택은 공공 분양이라고 한다. 국가, 지방자치단체, LH 및 SH가 건설, 혹은 국가나 지방자치단체의 재정 또는 주택도시기금을 지원받아 건설하는 주거 전용 면적 85㎡ 이하의 주택을 말한다.(주거 전용 면적 85㎡ 이하, 단, 수도권 및 도시 지역이 아닌 읍, 면 지역은 주거 전용 면적 100㎡ 이하)

외벽에 LH, SH 이런 마크가 붙어 있는 아파트들은 정부에서 분양하는 국민 주택이다. 정부에서 분양하기 때문에 가격이 상대적으로 저렴하다. 그렇기 때문에 경쟁률이 높고 사람들이 많이 몰려든다.

민영 주택은 국민 주택들을 제외한 민간 건설사에서 공급하는 주택들이다. 평소에 많이 들어오던 푸르지오, 롯데캐슬 등등 브랜드들을 민영 주택이라고 보면 된다. 최근에는 청약에 당첨이 되려면 1순위가 되어야 당첨 확률이 높다. 그래서 '청포족'이라는 신조어가 나올 정도다.

국민 주택 1순위 조건

1순위가 되려면 청약 통장에 가입한 지 2년이 되고 연체 없이 24회가 납입되어야 한다. 세대주가 아니거나 옛날에 당첨된 적이 있는 무주택 세대 구성원이면 1순위 조건이 해당 안 된다. 세대주라고 주민등록부상에 표시되어 있어야 하고 부모님이랑 같이 살고 있다면 부모님이 세대주가 된다. 세대주가 되려면 세대 분리를 해야 한다.

민영 주택 1순위 조건

1순위가 되려면 청약통장 가입한 지 2년 이상 되어야 한다. 국민 주택이랑 다른 점은 지역별로 예치금을 저축해야 한다는 점이다. 300만 원부터 1,500만 원까지 다양한데 지역별로 다르고 평수별로도 다르다.

국민 주택과 민영 주택의 공통점

모집 공고문이 올라오기 전에 미리 조건을 충족해야 한다. 모집공고문이 뜨기 전까지 예치금이 들어 있어야 한다. 청약 도전을 준비한다면 청약 통장에 미리 가입되어 있어야 하고, 성인이어야 하고, 해당 주택이 건설되는 그 지역에 속해 있어야 한다. 예를 들어서 주소지가 서울시라면 서울시에 있는 아파트들의 청약에 도전할 수 있다.

국민 주택은 통장에 10만 원씩 누가 오랜 기간 많이 넣었는지를 본다. 한 달에 10만 원씩 불입한 것만 인정된다. 설령 청약 통장에 한꺼번에 100만 원 채워 넣겠다 해도 안된다. 매월 꼬박꼬박 10만 원씩 넣었어야 하기에 인정되지 않는다.

민영 주택에는 추첨제와 가점제 두 가지 방식이 있다. 추첨제는 1순위가 된 사람들 중에서 랜덤으로 뽑는 것이다. 가점제는 점수로 부양가족수, 무주택 기간, 청약 통장 납입 기간을 따진다. 무주택 기간은 미혼인경우는 30세부터 점수가 계산이 된다. 30세 미만이라도 결혼을 하였다면 무주택 점수에 들어간다. 부양가족은 배우자, 자녀, 할머니 할아버지까지 포함이 된다. 대신 나의 주민등록표상에 3년 이상 함께 등재가 되어있어야 한다.

다음은 청약 통장 가입 기간이다. 국민 주택이랑 다르게 얼마를 넣었냐가 중요한 게 아니라 청약 통장에 얼마나 오랜 기간 가입되어 있었는지가 중요하다. 기간이 길수록 점수가 올라간다. 세 가지 가점제를 전체다 합산해서 계산을 해보고 도전할까 말까 고민해보면 된다.

가점제 점수가 낮다고 해서 포기하는 것이 아니라 민영 주택은 추첨제라는 랜덤 뽑기가 있기 때문에 포기하지 마시고 도전해보아야 한다. 만약 국민 주택을 포기하고 민영 주택에만 도전한다고 하면 매월 2만 원만 넣어도 된다. 민영 주택은 가입 기간만 따지기 때문이다.

국민 주택에 도전해보시려면 매월 10만 원씩 넣어야 한다. 매월 10만 원을 불입할지, 2만 원을 불입할지는 나의 현황에 따라 각자 선택하면 된다. 최대한 기회를 많이 잡아보려면 10만 원으로 불입하여 전부 다 도전해보면 된다.

<부자로 가는 골든 팁 - 청약에 대해 더 알아보려면>

청약 가점 계산기 등 청약에 관한 모든 정보가 한국부동산원 청약홈(www.applyhome.co.kr)에 있다.

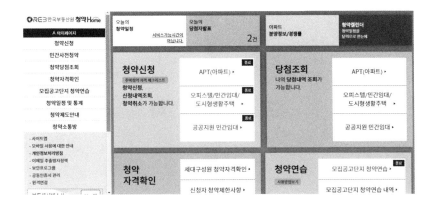

청약접수 경쟁률

☐ 인천 검단신도시 AB20-2블록 중흥S-클래스(사전청약)

청약접수 결과 입주자모집공고에 명시한 일반공급 가구수 및 예비입주자선정 가구 수에 미달 시 후순위 청약접수를 받습니다.

주택형	공급 세대수	순위		접수 건수	순위내 경쟁률 (미달 세대수)	청약결과	당첨가점			
							지역	최저	최고	평균
072.9531A	37	1순위	해당지역	542	28.53	1순위 마감(청약접수 종료)	해당지역	55	62	57.26
			기타지역	815	74.33		기타지역	62	69	65.06
		2순위	해당지역	0	-					
			기타지역	0	-					
072.9511B	37	1순위	해당지역	321	16.89	1순위 마감(청약접수 종료)	해당지역	51	63	54.58
			기타지역	613	50.83		기타지역	57	66	59.28
		2순위	해당지역	0	-					
			기타지역	0	-					
084.5032A	189	1순위	해당지역	1,654	17.41	1순위 마감(청약접수 종료)	해당지역	56	71	59.86
			기타지역	2,592	44.16		기타지역	62	71	65.22
		2순위	해당지역	0	-					
			기타지역	0	-					
084.8058B	96	1순위	해당지역	426	8.88	1순위 마감(청약접수 종료)	해당지역	46	67	52.02
			기타지역	732	23.13		기타지역	59	66	61
		2순위	해당지역	0	-					

06

돈이
모이지 않는 진짜
이유는?

내 집 마련의 첫시작은 종잣돈 모으기부터이다. 사실 종잣돈 모으기 주제로 글을 쓰는 건 좀 부끄럽다. 나도 이 방면의 성공자가 아니다. 하지만 실패에서 얻은 교훈은 돈으로 살 수 없는 귀한 경험이다.

함께 나눔으로써 빠른 부자의 길로 갔으면 좋겠다. '천리 길도 한 걸음으로부터'라는 중국 속담이다. 누구나 잘 안다. 종잣돈 모으기 또한 마찬가지이다. 100원이 모여서 1,000원이 되고, 100만 원이 모여서 1,000만 원이 된다.

손님들과 얘기 나누다 보면 공통된 화제가 요즘은 돈이 모여지지 않는다는 것이다. 그렇다. 낯설고 외로운 타향살이 시작할 때는 통장에 차곡차곡 돈이 모였다. 그런데 지금은 왜 돈이 모이지 않을까? 그때는 돈 쓸 줄 몰라서 그랬을까? 몇 가지 이유가 있다. 제일 중요한 이유는 마음가짐의 차이가 아닐까 싶다.

중국에서 올 때 거액의 빚을 내서 한국에 왔다. 빚을 갚아야 했기에 온 심혈을 빚 갚음에 쏟았다. 이제 겨우 빚을 다 갚고 한국 생활에 적응도 되었다.

보험도 넉넉히 들었다. 아프면 안되니까. 옷도 조금 더 비싼 걸로 고른다. 화장품도 브랜드 따지며 고른다. 나에게 미안하면 안 되니까. 주말이면 친구들과 술을 마신다. 스트레스 풀어야 하니까.

위 이야기는 나의 사촌 언니의 이야기이다. 하지만 많은 분들의 이야기일 것이다. 언니는 지금도 식당 일을 하고 있다.

"언니, 빨리 돈 모아서 집이라도 하나 사."

언니를 만날 때마다 동생인 내가 잔소리한다.

"집 살 돈 있으면 내가 여기서 이러고 있겠니?"
말문이 막히는 대답이다. 그러면서 언니는 자주 한탄의 소리를 낸다.

"물가가 너무 올랐는데 내 월급은 겨우 쥐꼬리만큼 올랐어."
"왜 이렇게 돈이 모이지 않아."
"능력이라도 있어야 돈을 많이 벌지."
"언젠가는 잘살겠지."

언니는 한국에 온 지 거의 20년이 다 되어간다. 막연히 잘살 수 있다는 바람으로는 그저 그런 생활만 지속될 것이다. 돈 버는 능력은 각자의 능력이니 어쩔 수 없다고 치자. 하지만 단돈 10만 원이라도 매월 저축하는 것은 모두의 능력 안의 일이다. 빚을 갚을 때의 그 절박한 마음으로 쉬지 않고 저축을 했다면 지금쯤 어떠할까? 내 집 마련은 하고도 남았을 것이다.

언니가 돈을 모을 수 없었던 근본적인 이유를 나는 최근에 깨달을 수 있었다. 『더 해빙』이라는 책이 한때 유행했었다. 책 속에 이런 내용이 있었다.

컵에 물이 반 컵이 있는데 컵이 계속 휘청거리면 물이 담기지 않는다. 컵이 고요히 있어야 물이 담겨진다. 책에서 우리의 감정이 물컵처럼 흔들거리면 재물이 모이지 않는다고 한다. 모인 돈도 불안해서 나가버린다. 정답인 것 같다.

언니네 가족은 형부와 쌍둥이 아들 둘 해서 오붓한 네 식구였다. 형부는 고향 마을의 초등학교 선생님이셨다. 다른 집은 남편이 한국으로 나오고 아내분이 집에서 애를 키우지만 언니네 집은 반대였다. 혼자 한국에서 생활하다 보니 언니는 늘 외로움을 호소했다. 외로운 감정은 흔들리는 컵에 담긴 물처럼 불안에 떨었다. 그러니 돈이 모일 리가 없었다.

종잣돈 모으기 방법론은 책에서 인터넷에서 많이 찾아볼 수 있다. 풍차 돌리기 통장 만들기, 하루 커피값 줄이기, 택시 안 타기 등등 방법대로 꾸준히 하면 돈을 모을 수 있다. 제일 좋은 방법론은 하나다. 덜 쓰면 된다. 밥을 덜 먹으면 살이 빠지듯이 돈도 덜 쓰면 그만큼 모이게 된다. 하지만 감정이 허기지면 모으는 과정에서 그 돈이 새버린다. 우리 언니 같이 말이다.

언니도 종잣돈 모으기를 실천하지 않은 것은 아니다. 언니와 가끔씩 술도 마시고 담소도 한다. 매번 언니는 "그래, 너 말이 맞아. 알았어, 해볼게."라고 하며 헤어진다. 그리고 몇 달간은 돈을 모은다. 얼마 지나지 않아서 모은 돈은 사라진다. 모은 돈이 어디로 갔을까?

분명 언니는 티셔츠 하나 사러 갔는데 귀가할 때는 치마에 악세사리까지 듬뿍 챙겨온다. 네트워크 회사 제품은 꼭 필요해서 사는 것이 아니라 주변에서 좋다고 하니까 산다. 주말마다 친구를 만나서 술을 마신다. 오늘은 네가 사고 내일은 내가 사고. 돈이 모여질 리가 없다. 언니는 늘 이런 생활을 반복해왔다.

나의 사례 또한 언니와 피차일반이다. 나도 이국타향 생활에서 늘 외로움을 많이 느꼈다. 행정사 사무실에 출근하면서 어느 정도 돈은 모였다. 언니는 외모와 인간관계에 신경 쓰면서 돈을 내보냈지만 나는 외부로 돌아다니면서 강의 듣는 것에 돈을 내보냈다.

코로나 전에는 1만 원~5만 원짜리 오프라인 강의 프로그램이 많았다. 적은 돈이었지만 유익한 강의도 많았다. 하지만 좀더 유익한 내용은 한 단계 높은 클래스에서 진행되었다. 강의료 또한 수직 상승했다.

자기계발, 영업, 스피치, 노래, 마케팅, 부동산 등 다양한 강의 콘텐츠의 강의를 결제했다. 비싼 강의는 신용카드로 결제하면서 들었다. 헛된 배움은 없다. 잠자리 꼬리가 호수 물을 스치듯 이것저것 많이 섭렵했다. 아쉬운 것이 있다면 이것저것 배우면서 시간을 많이 소비하기보다 내 사업 한가지에만 집중했으면 어떠했을까 하는 생각이 든다.

"나는 꼭 성공할 거야!", "나는 최고의 리더가 될거야! 나는 선한 영향력을 가진 부자가 될거야!"라는 생각을 늘 가졌다. 하지만 이 생각 또한 대부분 사람들의 공통된 생각이 아니던가. 인간의 근본적인 밑바탕에는 남을 도와주고자 하는 프레임이 깔려 있다. 신이 그렇게 인간을 창조하였기 때문이다.

크게 성공하기 위해서, 부자가 되기 위해서 끊임없이 배워야 한다고 생각했다. 지금 돌이켜서 생각해보면 성공의 갈망보다 외로운 시간들을 채우기 위함이 더 많았던 것 같다.

진짜 성공을 원했다면 여기 찔끔 저기 찔끔 배우러 다니기보다 돈 버는 곳 하나에 집중했어야 했다. 그때는 이 원리를 몰랐다.

어느 책에서 본 한 문구이다. 책의 제목이 생각이 나지 않는다는 아쉬움이다.

"세상을 바꾸고 싶다고 말하면서도 자기 삶의 조건조차 바꾸지 못하는 사람들도 수없이 많다."

경제적인 자유가 이루어지기 전까지는 세상을 바꾸고 싶다고 말하기엔 너무 이르다. 단 한가지 목표인 경제적인 자유를 이루고 나면 바꾸고 싶은 세상이 또 달라 보일 수도 있을 것이다. 그 경제적인 자유로 가는 첫걸음이 내 집 마련이고 내 집 마련의 첫걸음이 종잣돈 모으기이다.

종잣돈 모으기 방법론보다 자신의 감정을 먼저 다스리길 바란다. 자신의 감정을 스스로 컨트롤 할 수 있는 사람은 돈도 컨트롤 할 수 있다. 감정이 허전하면 돈은 그 허전함을 타고 흘러나간다. 감정이 허전하지 않으면 원하는 것들이 흘러들어올 것이다. 그리고 차곡차곡 쌓일 것이다.

07

부동산 투자,
사기 당하지
않으려면?

최근 전세 사기, 재개발 사기 등 건으로 연락이 자주 온다. 힘들게 벌어서 모은 돈을 한순간 선택의 잘못으로 사기 당하면 얼마나 억울하고 막막할까? 부동산은 큰돈이 오가기에 사건 사고가 많이 발생한다. 상대방이 계획적으로 다가오면 피해 가기 어렵다. 그래서 항시 확인하고 또 확인하고 미심쩍은 부분은 한번 더 확실하게 체크해야 손해 볼 확률을 줄일 수 있다.

고객 수화 씨의 사례이다. 수화 씨는 전세금 1억 8천으로 서울 금천구의 빌라에 거주하고 있었다. 계약 시에는 임대인 B씨와 전세 계약을 체결하였다. 거주 중에 소유주는 이 집을 법인 회사에 매도하였다. 수화 씨는 전세금을 돌려받고 싶었지만 현 소유주가 법인이기에 상황은 달라졌다. 계약 기간이 만료되었지만 법인은 보증금 반환해줄 돈이 없었다. 수화씨가 상대해야 할 상대방은 사람이 아닌 법인이었다.

새로운 임차인이 들어와야 하지만 소유주가 법인이기에 전세 대출에 애로 사항이 있었다. 퇴근하고 잠 못 이루며 전세 사기에 대해 검색하고, 여기저기 법률 상담도 받고 하며 가슴 앓이를 하였다. 약 4개월 정도 고생하다가 겨우 전액 현금으로 들어올 차입자가 생겨서 겨우 이사 나올 수 있었다. 이 집이 쉽게 임대 나가지 않았던 이유 중 하나가 전세가가 시세보다 높았기 때문이다.

전세를 구할 때는 내 보증금이 매매가와의 차이를 꼭 체크해야 한다. 뉴스에서 소개되고 있는 '깡통 전세'에 대해 알고 있어야 당하지 않을 수 있다. 보증금과 대출금의 합이 매매가의 80%를 넘어서면 깡통 전세의 위험에 처하게 된다.

안전하게 전세 계약을 체결하려면 다음 네 가지를 유의해야 한다.

1. 전세 계약은 매매 금액의 80% 아래 금액으로 계약해야 안전하다.

2. 등기부등본 확인을 잘 해야 한다. 압류, 가압류, 근저당을 잘 확인하여야 한다.

3. 주인과 직접 계약해야 한다.

4. 이사 날에 전입 신고와 확정 일자를 동시에 받아두어야 한다.

다음은 지역 주택 조합 피해 사례이다.

재건축, 재개발이 돈이 된다는 건 누구나 아는 사실이다. 이주민들도 재개발, 재건축에 관심이 많다. 최근에 지역 주택 조합에 돈을 넣고 손꼽아 기다리고 계시는 분들이 많다.

재개발, 재건축 사업은 기존 건축물이 있는 토지 위에 건축물을 헐고 새 아파트를 짓는 사업이다. 지역 주택 사업은 토지를 매입한 후 아파트를 짓는 것이다. 지역 주택 조합은 우선 먼저 조합원을 모집한 후 그들이 납부한 계약금으로 토지를 매입한 후에 그곳을 철거하고 아파트를 짓는다. 토지를 매입하는 과정에서 많은 어려움이 있기 때문에 사업이 쉽게 성공되지 못하고 있다.

지역 주택 조합은 내 집 마련을 싸게 할 수 있다는 큰 장점이 있다. 하지만 조합의 운영 비리 또는 토지 매입이 지연되는 등등의 문제가 발생한다. 사업 진행이 무산되거나 조합원들의 추가 분담금이 발생할 우려도 있다. 조합원으로 가입한 후에 자격 요건을 입주 시까지 유지해야 하고 탈퇴가 쉽지 않다. 때문에 가입 전에 꼭 신중해야 한다.

Q의 사례이다. 4년 전 Q는 어느 날 집앞에 지역 주택 조합원 모집공고를 보았다. 홍보관에서는 모델 하우스가 예쁘게 꾸며져 있었다. 안내자의 말을 들어보면 곧 재개발이 진행되고 저 예쁜 모델 하우스가 내 집이될 것 같은 기분이 든다. Q는 들뜬 마음에 1차 계약금 4천만 원을 지급하고 계약서에 사인하였다. 4천만 원 안에는 대행사의 사업 추진비 2천만원이 포함되어 있다. 사업 추진비는 말 그대로 사업을 추진하면서 들어가는 비용으로서 설령 사업이 무산되더라도 돌려받을 수 없는 비용이다.

대부분의 이주민들은 마음이 선량하고 남의 말을 잘 믿는다. 눈으로 보이는 것은 더 말할 나위 없이 믿어버리는 경향이 있다. 집을 보러 다니다 보면 잘 꾸며진 모델 하우스로 방문하게 된다. 모델 하우스는 집을 사고자 하는 사람에게 미리 보여주기 위하여 실제 내부와 똑같게 지어 놓은 집이다. 전문가의 손을 거쳐 예쁘게 꾸며져 있다. 제발 모델 하우스에 현혹되지 말기 바란다. 모델 하우스는 내 집이 아니다.

다음은 내가 직접 경험한 사례이다.

2017년, 나는 부동산으로 부자 될 꿈으로 한껏 부풀었다. 경매에 관심이 많던 나는 경매 학원에 등록을 했다. 경매는 적은 돈으로 부동산을 낙찰 받을 수 있는 장점이 있었다. 종잣돈이 넉넉지 않던 나에게는 최상의 방법이라고 생각했다. 퇴근 후 저녁에는 학원으로 달려 갔다. 일찍 가서 청소도 하고 수업 준비도 도와드리며 좋은 인맥을 만들고 싶었다.

경매에 대해 문외한인 나는 학원 강사님의 추천으로 포항 바닷가 옆의 빌라 세 채에 투자했다. 저렴하게 나온 공매 물건이라 매수해서 월세 놓으면 무피 투자로 월세 수익을 얻을 수 있는 솔루션이었다. 매수하고 일 년이 지나도 세입자는 맞춰지지 않고 매월 은행 이자를 갚기에 허덕였다. 세입자를 맞추기 위하여 근처 부동산에 매물을 다 내놓았지만 요지부동이었다. 위치가 좋지 않았기 때문이었다.

포항에 한 번 다녀오려면 하루 시간은 내야 한다. 일하면서 시간 내기란 참 어려웠다. 이 사건은 약 2년간 법적 소송 절차를 거쳐 2021년에 최종 마무리되었다. 소송 결과 승소로 판결이 났고 해당 물건으로 인하여 지게 된 2억 빚은 청산이 되었다. 빚은 청산되었지만 그동안 겪어온 마음

고생은 다시 생각하고 싶지 않은 쓴 뿌리로 가슴 깊은 곳에 남겨졌다.

실패한 투자 경험을 총결하면 첫째, 나와의 거리가 반경 50km 이상의 물건에는 투자하지 않는다. 둘째, 남 말만 믿고 절대 투자하지 않는다.

잘못된 선택은 반드시 대가를 치르게 된다. 특히 투자에 있어서 성공과 실패 모두 전적으로 투자자의 몫이다. 사기 당하지 않으려면 내가 알고 있어야 한다.

<부자로 가는 골든 팁 - 사기 당하지 않으려면>

사기 당하기 가장 쉬운 3가지 유형

첫째 : 남 말만 믿고 투자한다.

둘째 : 내가 모르는 것에 투자한다.

셋째 : 한 가지 경우만 생각한다.

부동산 투자에 있어서 우선순위 절차가 있다. 남 말만 믿고 투자하는 것은 절대 금물이다.

1순위는 책을 먼저 읽어라. 관심있는 부동산 관련된 책 최소 5권~10권을 읽는다. 책을 쓸 정도의 사람이라면 그분의 강의가 있을 것이다. 유튜브나 블로그 카페로 저자의 마인드를 읽어라. 그리고 강의도 있다면 결제해서 들어보아야 한다. 강의에서 전체적인 투자 방향이라든가 투자 물건 등의 범위를 좁힐 수 있다. 그 다음 그동안 들었던 강사 중에서 나의 투자 성향과 맞는 적합한 멘토를 찾아야 한다.

지금 돌이켜보면 나는 투자에 있어서 거꾸로 행했다. 부동산에 대해 아무것도 모른 채로 멘토부터 찾아갔다. 엉뚱하게 멘토부터 찾아다니니 그 멘토가 진짜인지 가짜인지 분별력이 없었던 것이다. 결국은 사기 당했다.

08

아파트
계약 후 가압류가
되었다면?

신축은 가격이 비싸다 보니 구옥으로 매매를 하는 사람들도 많다.

A씨 가족은 10년 전 한국으로 이주하여 월세로 살며 A씨는 건설현장에서 일을 하고 있었다. 일이 고되어서 힘이 들지만 꼬박꼬박 악착같이 돈을 모아 저축을 하였다. 시중 은행은 금리가 낮아서 새마을금고와 신협 등을 주거래 은행으로 하고 있었다.

A는 내 집 마련의 꿈을 이루기 위해 허리띠를 졸라맸고 악착같이 돈을 모았다. 그는 이주 시 가지고 온 돈과 건설 현장에서 피땀 흘려 번 돈 그리고 은행에서 융자를 받아서 집을 사기로 하기로 하였다. 내 집 마련을

계획하고 부동산을 통해 집을 보던 중, 인천 서구에 있는 한 아파트가 끌렸다. 오래된 아파트였지만 입지가 좋고 내부 시설이 깨끗하여 이 집을 사기로 마음먹었다.

내 집 장만의 꿈에 부풀어 체크 리스트를 만들어 꼼꼼히 집 구경을 다녔다. 건설 현장에서 일을 한 경험이 도움이 되었다. 거실의 천장이나 벽의 마감 상태, 거실장, 가구 설치 및 파손 여부, 유리창 문틀 고정 혹은 깨짐 상태, 수직 및 수평인지 등을 꼼꼼히 보았다.

특히 천장 테두리와 바닥 코너 부분의 맞춤 여부에 대해 신중하게 들여다 보고 인터폰 작동 및 거실 확장 여부도 확인하고, 주방은 싱크대 서랍과 찬장문 개폐 상태, 수도꼭지 누수 부분과 배수가 잘 되는지, 주방 기구 상태 등을 체크했다.

침실 같은 경우 벽 도배지나 바닥 장판에 흠이 있는지, 창문 상태나 콘센트, 인터넷 및 전화선 단자가 어디에 설치되어 있는지도 파악하고, 발코니도 빠짐없이 보며 난간대가 잘 고정되어 있는지에 따른 안전성 여부와 배수를 위한 바닥 기울기는 어떠한지, 방수 처리는 꼼꼼한지 등을 살피고, 욕실은 물이 잘 내려가는지, 수압 세기나 마감 상태, 설치된 시설 등등 매우 세밀하게 확인하였다.

드디어 계약하는 날이다. 내 집 마련의 꿈이 현실로 오니 발걸음도 가벼웠다. 그러면서도 거의 전 재산인 목돈이 들어가는 계약이라 두렵기도 하였다. 중개 사무소에서 차 한 잔을 하면서도 설렘 반 두려움 반에 가슴이 두근거렸다. 계약 당일 상대방 매도인이 실제 소유자인지도 확인하고 무사히 계약을 체결하였다.

중도금 후 문제가 생기다

그리고 2개월 후 중도금을 치렀다. 내 집 마련의 기쁜 소식을 여기저기 알리며 매일 행복에 젖어 있었다. 그러던 어느 날 부동산 투자에 일가견이 있으신 직장 상사께서 집에 대해 봐준다며 등기부등본을 발급하였는데 눈이 휘둥그레졌다.

아파트가 매도인의 채권자에 의해서 가압류되어 있는 것이다. 분명 계약 시에는 깨끗한 등기부등본이었는데 갑자기 가압류라니? 중개사 사무실에 전화를 하고 내용을 알리고 해결해달라고 항의를 하였다. 중개사무실에서 몇 번의 연락 끝에 매도인을 만나게 되었다. 매도인은 아무렇지 않게 잔금을 치르면 가압류를 말소시킬 터이니 걱정하지 말라고 하였다.

중도금 받은 것으로 채무 관계를 해결하는 것이 원칙이라는 중개사의 말에도 걱정하지 말라는 말뿐이다. "채무액과 잔금의 규모가 비슷하니 걱정하지 마세요."라고 하였지만 한국의 법에 생소한 A씨는 마음이 무겁기만 하였다.

A씨는 가압류 등기가 있는 상태에서 잔금을 지급해야 하는지, 가압류 등기를 말소할 때까지 잔금을 지급하지 말아야 하는지, 잔금을 지급하지 않으면 계약금은 안전한지, 엄청난 고민에 잠이 오지 않았다.

매매 목적 부동산이 가압류 등기 등이 있다면 매도인은 이 등기도 말소하여 완전한 소유권 이전 등기를 해주어야 하는 것이라고 중개사는 조언을 하였다. 중개사 사무소에서 해결책을 제시를 해주었지만 그래도 불안한 마음은 해소가 되지 않았다. 소유권 이전 등기 전에 경매라도 진행되면 어떡하지 두렵고 막막하기만 하였다.

중개사 사무소 사장님의 적극 개입하에 A씨는 매수인은 가압류의 말소 등기를 해줄 때까지 매매 잔금의 지급 의무를 거절하였다. 매수인의 잔금 지급 의무는 소유자의 가압류 말소 등기 의무와 동시이행 관계에 있기 때문이다.

가압류란 무엇일까?
가압류는 채무자의 재산에 강제 집행을 하고 싶을 때 법적으로 취하는 긴급 수단이다. 소송을 걸어 판결이 나기까지 상당한 시간이 걸리므로 채무자의 재산을 양도 처분하지 못하도록 하는 보전 처분을 말한다.

금전 또는 금전으로 환산할 수 있는 청구권을 그대로 두면 장래 강제 집행이 불가능하게 되거나 곤란하게 될 경우에 미리 일반 담보가 되는 채무자의 재산을 압류하여 현상(現狀)을 보전하고, 그 변경을 금지하여 장래의 강제집행을 보전하는 절차를 말한다.

가처분(假處分)과 더불어 집행 보전 절차라고도 하는데, 이들의 본안 소송은 급부소송이다.

가압류는 보전될 권리를 소송물로 하는 본안소송 및 강제 집행의 존재를 예정하는 점에서 부수적인 성격을 띠고 있으나, 그 자체는 가압류 명령을 발(發)하는 절차와 이 명령을 특별한 집행권원으로 하여 행하는 집행 절차로 나누어지고, 이 두 절차는 각각 판결 절차와 강제 집행 절차에 대응하므로 강제 집행에 관한 규정이 원칙적으로 준용된다(민사집행법 291조).

– 네이버 두산백과

앞의 사건은 매수인 명의로 이전되지 않은 상태이므로 권리 행사를 하지 못하게 되는 상황에서는 이미 지급된 계약금과 중도금의 금융 비용이 발생하게 된다. 따라서 매수인은 가압류를 말소할 때까지 잔금을 지급하지 않는 것과 매도인이 계약금을 받은 후 가압류 등기가 되었으니 위약금을 물리고 취소하는 것 중 어느 것이 매수인이 이익인지를 따져보고 쉬운 쪽으로 문제를 해결하여야 한다.

가압류에 대한 거래 상식을 알자. 가압류를 설정하고 장기간 방치하면 낭패를 본다. 빌려준 돈을 받지 못해 채무자의 부동산에 가압류만 설정하기만 하면 안 된다. 채무자를 상대로 돈을 지급하라는 재판을 제기하지 않고 몇 년씩이나 본 소송의 소를 제기하지 않으면 가압류 취소 사유가 될 수 있다. 보전 처분을 한 이후 장기간 본 소송을 제기하지 않아 보전 처분의 취소 사유가 될 수 있는 기간은 3년이다. 따라서 가압류를 해두고 장기간 본 소송을 제기하지 않으면 채권의 소멸 시효가 중단된다. 결국 채무자에 대한 채권 자체는 그대로 살아 있을 수 있지만 절차적으로는 가압류 집행이 취소 당할 수 있다.

가압류를 등기부에 설정하였다고 안심하지 말고 어찌어찌 하다 장기간 제기하지 않으면 낭패를 볼 수 있다는 것을 명심하여야 한다.

가압류 명령은 즉시 집행하지 않으면 목적을 이룰 수 없으므로 명령과 집행의 관계는 보통의 소송과 강제 집행의 관계보다 밀접하고, 가압류 명령에는 즉시 집행력이 부여된다. 그러나 금전적 가치의 보전을 목적으로 하는 이상, 집행은 원칙적으로 목적물의 환가(換價)까지 하는 일은 없고, 또 공탁에 의한 집행의 취소 등의 합목적적(合目的的) 배려도 하고 있다.

가압류의 재판 절차는 채권자의 신청에 의하여 개시된다. 채권자는 피보전(被保全) 권리인 청구의 내용과 보전의 필요를 표시하는 가압류 이유를 특정하고, 가압류를 청구하는 뜻을 신청한다(279조). 채권자가 앞의 2가지 요건을 소명(疎明)하든지, 이에 갈음하는 담보를 제공하든지, 또는 소명의 강화로 담보를 제공한 경우 가압류 명령을 발한다.

재판은 결정의 형식으로 한다(281조). 불복(不服) 있는 채무자는 결정에 대하여는 이의(異議)를, 판결에 대하여는 항소(抗訴) · 상고(上告)를 할 수 있다. 그리고 채무자의 이의 상소(上訴) 이외에 제소 기간이 도과(徒過)했거나, 가압류 이유가 소멸했거나, 사정이 변경되었거나, 담보가 제공되었을 경우에는 채무자의 신청에 의한 소송 절차에 의하여 취소되는데, 이에 대한 결정은 재판으로 한다.

  그 후 중개 사무소의 도움으로 계약을 잘 마무리하였지만, 이번 일로 A씨는 심한 마음고생을 하였고, 부동산에 대한 공부도 톡톡히 하게 되었다.

GOLDEN TICKET

3장

대한민국에
살고 있다면 부동산
공부는 필수이다

01

세입자라면
반드시 알아야 할
임대차 3법

한국에 와서 첫 번째 거주집의 마련은 대부분 월세부터 시작했을 것이다. 월세는 임차인이 임대인에게 월 단위로 임대료를 내고 거주하는 임대차 계약 방식이다. 전세는 보증금을 임대인에게 맡기고 집을 빌려 거주하고 거주 기간이 끝나면 보증금을 돌려받는 임대차 계약 방식이다. 전세는 월세를 내지 않는다는 점에서 월세와 차별화되지만 전세 대출을 받을 경우 대출 이자가 나간다.

월세는 임대인과 임차인의 동의하에 임대차 계약이 이루어진다. 전세 대출을 받을 경우는 은행에서 전세 대출의 승인 허가가 있어야 하기 때문에 임대차 계약 체결 전에 꼭 은행을 방문하여 전세 대출의 가능 여부를 확인해야 한다.

이사한 후 체류지 변경 신고와 확정 일자는 가까운 주민센터에 가서 필히 받아야 한다. 외국인이 체류지를 변경하면 반드시 14일 이내에 신고해야 한다. 14일이 지나도록 신고하지 않으면 과태료가 나온다. 이사날이 주말인 경우에는 이사 전날의 평일에 전입 신고를 하고 확정 일자를 받는 게 좋다. 계약 기간이 끝날 때 임대인은 임차인에게 기간 만료 6개월~1개월 전까지, 임차인은 임대인에게 만료 1개월 전까지 계약 해지에 대한 통지를 한다. 해지 통지가 없으면 계약은 '묵시적 갱신'으로 이루어지며 자동으로 2년 연장된다.

정부에서는 2020년 7월 31일부터 계약 갱신 청구권, 전월세 상한제, 전월세 신고제 등 주택 임대차 보호법 및 부동산 거래 신고법 개정안을 시행하였다. 개정된 부분도 알고 있어야 계약 시 손해를 보지 않을 수 있다.

계약 갱신 청구권

계약 갱신 청구권은 계약 시 임차인이 원하는 경우 계약 갱신을 청구할 수 있는 권리로 거주 기간을 2년 연장할 수 있다(계약 체결 시 임대차 계약서에 계약 갱신 청구권 란에 체크하면 된다). 계약 갱신 청구권의 실시로 임차인이 계약 갱신을 요구하는 경우 임대인은 정당한 사유없이 거절할 수 없다. 또한 임대인이 실거주를 이유로 갱신을 거절하고, 임차인이 요구한 갱신 기간 동안 정당한 사유 없이 제3자에게 해당 목적물을 임대한 경우 임대인은 임차인이 입은 손해를 배상할 수 있다.

전월세 상한제

전월세 상한제는 계약 갱신 시 임대료 상한을 5% 범위 내로 제한하여 임대료 급등으로 인한 임차인들의 부담을 줄이는 제도이다.

임대차 신고제

임대차 신고제는 2021년 6월부터 시행하고 보통 임대인이 신고한다. 임대차 신고제는 전월세 계약 시 임대차 계약 정보를 신고하도록 하여 임차인에게 시의성 있는 시세 정보를 제공하는 제도이다. 전월세 계약 시 30일 이내에 주택 소재지 관청에 임대차 계약 정보를 신고해야 한다.

전월세 전환율

임대차 3법으로 인하여 전세 매물 수가 급격히 줄어들면서 전세를 월세로 돌리거나 반전세로 돌리는 경우가 많다. 정부에서는 세입자의 월세

부담을 줄이고자 전월세 전환율을 기존 4%에서 2.5%로 하향 조정하였다.

어려운 전환율 계산 우리에게는 항상 네이버가 있다. 네이버 검색창에 전월세 전환율을 입력하면 아래와 같은 화면이 나온다.

전세에서 월세로 전환 시, 월세에서 전세로 전환 시 전환하고자 하는 금액을 입력하면 필요한 전환하고자 하는 금액이 나온다.

전월세 전환 계산기		
전세 → 월세		월세 → 전세
월세 계산		보증금 계산
전세금		100,000,000 원
		1억원
보증금		80,000,000 원
		8,000만원
전월세 전환율		2.5 %
임대료 인상률		5.0 %
예상 월 임대료		52,083 원
예상 년 임대료		625,000 원

임대차 계약 관계에서 발생하는 각종 분쟁에 대하여는 주택 임대차 분쟁조정 위원회가 운영된다. 평소 분쟁이 발생했을 시 주변 중개사무소에 가서 문의를 한다. 하지만 법적인 요소가 개입이 될 때는 온전히 내 힘으로 해결해야 한다. 법에 무지하면 손해를 볼 수밖에 없다.

대한법률구조공단 www.klac.or.kr

서울시 전월세보증금 지원센터 02-2133-1200~8

자동 연장과 재계약

계약 만료 시 자동 연장과 재계약 어느 쪽이 더 유리할까? 임차인의 입장에서는 자동 연장이 더 유리하다. 자동 연장하면 임대인은 전과 동일한 조건으로 2년을 보장해주어야 하고 임차인은 언제든 이사 나간다고 통지할 수 있다. 재계약을 하게 되면 계약서상에 기간이 다시 정해진다. 그 기간 동안에는 이사를 가고 싶어도 갈 수가 없다(만기 전에 가고자 한다면 새로운 임차인이 이사를 들어오면 임대인과 합의하에 계약을 종료시킬 수 있다).

계약 기간이 만료되어 다른 곳으로 이사 가야 하는데 집주인이 보증금을 반환해주지 않는 경우가 종종 있다. 보증금을 반환 받지 않은 상태에서 임차인이 주소를 다른 곳으로 이전하면 해당 주택에 대한 대항력을 상실하게 된다. 이러할 때 '임차권 등기 명령' 제도를 활용한다. '임차권 등기 명령'을 하는 순간 대항력과 우선 변제의 효력이 생겨 그때부터 임대차 보호법의 보호를 받을 수 있다. 반대로 내가 전월세 구할 때는 '임차권 등기 명령' 된 주택에 이사 가면 안 된다! 해당 주택에 임차권 등기가 되어 있으면 기존 임차인의 권리를 우선 보호해주기 때문에 후임 임차인은 법적으로 보호되지 않는다.

주택 임대차 보호법 제3조의 3(임차권 등기 명령)

임대차가 끝난 후 보증금이 반환되지 아니한 경우 임차인은 임차 주택의 소재지를 관할하는 지방법원, 지방법원 지원 또는 시, 군 법원에 임차권 등기 명령을 신청할 수 있다.

소액 임차인의 최우선 변제권

소액 임차인의 최우선 변제권이란, 임차 주택의 경매, 공매 시에 소액 임차인이 보증금 중 일정액을 다른 담보물권자보다 우선하여 변제받을 수 있는 권리를 말한다.

즉 내가 살고 있는 집이 경매나 공매로 넘어갈 시 나의 보증금 중 일정액을 우선해서 변제받을 수 있는 제도를 말한다. 이 제도는 사회적 취약 계층을 보호하기 위해 만들어진 제도이다. 최우선으로 변제를 받으려면 경매 신청 전에 주택 인도와 전입 신고가 되어 있어야 한다. 때문에 전월세 계약 후에는 꼭 주민센터에 가서 전입 신고와 확정 일자까지 받아두는 것이 좋다. 다만 소액 임차인 해당 여부와 최우선 변제 대상 금액은 지역별로 다르고 주택가액의 1/2에 해당하는 금액까지만 최우선 변제 대상이 된다.

지역별 소액 임차인의 범위 및 최우선 변제 금액(2021년 5월 11일 기준)

■ 서울특별시

보증금 1억 5,000만 원 이하 범위 내에서 그중 5,000만 원을 우선 변제받을 수 있다.

■ 수도권 정비 계획법에 따른 과밀 억제 권역(서울특별시 제외), 세종특별자치시, 용인시, 화성시 및 김포시

보증금 1억 3,000만 원 이하 범위 내에서 그중 4,300만 원을 우선 변제받을 수 있다.

■ 광역시(수도권 정비 계획법에 따른 과밀 억제권에 포함된 지역과

군지역 제외), 안산시, 광주시, 파주시, 이천시 및 평택시

보증금 7,000만 원 이하 범위 내에서 그중 2,300만 원을 우선 변제 받

을 수 있다

- 그 밖의 지역

그밖의 지역은 보증금 6,000만 원 이하 범위 내에서 그중 2,000만 원

을 우선 변제 받을 수 있다.

2016. 3. 31.~	① 「수도권정비계획법」에 따른 「과밀억제권역」	8,000만원 이하	2,700만원
	② 안산시, 용인시, 김포시 및 광주시	6,000만원 이하	2,000만원
	위 ①및 ②를 제외한 경기도 전역	5,000만원 이하	1,700만원
2018. 9. 18.~	① 「수도권정비계획법」에 따른 「과밀억제권역」, 용인시, 화성시	1억원 이하	3,400만원
	② 안산시, 김포시, 광주시 및 파주시	6,000만원 이하	2,000만원
	위 ①및 ②를 제외한 경기도 전역	5,000만원 이하	1,700만원
2021. 5. 11.~	① 「수도권정비계획법」에 따른 「과밀억제권역」, 용인시, 화성시 및 김포시	1억 3천만원 이하	4,300만원
	② 안산시, 광주시, 파주시, 이천시 및 평택시	7,000만원 이하	2,300만원
	위 ①및 ②를 제외한 경기도 전역	6,000만원 이하	2,000만원

과밀억제권역 안내 바로가기 ›

★ 조건

· 배당 요구의 종기까지 배당 요구를 해야 한다.

· 경매 개시 결정의 등기 전에 대항 요건(주택의 인도, 주민등록)을 갖추어야 하고, 배당 요구의 종기까지 대항력을 유지해야 한다.

· 주택 가격(대지의 가액 포함)의 1/2에 해당하는 금액까지만 우선 변제 받을 수 있다.

자세한 사항은 대법원 인터넷 등기소(http://www.iros.go.kr/PMainJ.jsp)에서 확인할 수 있다.

02

당신은
어떠한 집에 살고
싶은가?

빌라와 아파트의 차이

한국에서는 건축물의 구조, 이용 목적, 형태가 유사한 것을 묶어서 용도별로 그 종류를 분류한 것으로 29개의 용도로 구분한다. 그 29개 용도 중에 단독 주택과 공동 주택이 있다.

그렇다면 빌라는 어디에 속할까? 아파트는 어디에 속할까? 많이들 헷갈려 할 것이다. 나도 처음에는 그랬다.

솔직히 처음 한국 와서 월셋집에 살때도 나는 내가 사는 집이 빌라인지 다가구인지도 몰랐다.

아파트

주택으로 쓰는 층수가 5개층 이상인 주택을 말한다.

연립 주택

주택으로 쓰이는 1개 동의 바닥 면적의 합계가 660㎡를 초과하고 층수가 4개층 이하인 주택을 말한다.

다세대 주택

주택으로 쓰이는 1개 동의 바닥 면적 합계가 660㎡ 이하이고 층수가 4개층 이하인 주택을 말한다.

다가구 주택

여러 가구가 살 수 있는 바닥 면적의 합계가 660㎡ 이하이고, 층수가 3개층 이하인 주택을 말한다. 총 세대수는 19세대 이하이다.

단독 주택

한 가구가 생활할 수 있도록 건축된 주택이다.

다중 주택

다수인이 장기간 거주할 수 있는 구조로 독립된 주거 형태가 아니다. 바닥 면적의 합계가 660㎡ 이하이고 지상 3개층까지 건축된 주택이다.

쉽게 이해하자면 아파트는 5층 이상, 빌라는 5층 미만으로 보면 된다. 다세대 주택은 주택 안에 세대별로 소유주가 다르다. 다가구는 소유주가 한 사람이고 여러 세대가 거주하는 주택이다. 아파트는 대단지가 많고 빌라는 동이 많지가 않다. 아직도 헷갈린다면 현재 혹은 지난 과거 내가 살았던 집을 생각해보면 쉽게 이해가 갈 것이다.

한국에서는 빌라와 아파트의 가격 차이는 현저하다. 그래서 처음 내 집 마련은 빌라로부터 많이 시작한다. 요즘은 빌라도 건축 디자인, 건축 자재, 설계 등에서 아파트 못지 않게 멋있게 짓는다. 비싼 아파트보다 상대적으로 가격이 저렴하다 보니 빌라도 많이 선호한다. 그렇다면 빌라와 아파트의 차이는 어떤 것이 있을까?

관리비

빌라는 아파트보다 관리비가 저렴해서 부담이 상대적으로 적다. 빌라는 1층에 필로티와 계단 엘리베이터 청소 등을 관리하면 된다. 관리 사무소도 필요 없다. 아파트는 체계적으로 관리 시스템이 있다. 지하 주차장으로부터 부대 복리 시설 그리고 관리 사무소 경비실 등등에 비용이 많이 들어간다. 대신 빌라보다 보안 시스템이 잘 되어 있다.

주차장

아파트는 넓은 지하 주차장이 있어서 깨끗하고 편리하다. 빌라는 실외 주차이다. 실외에 주차하면 먼지 때문에 자주 세차해야 되는 번거로움이 있다. 하지만 주차 후 바로 집 문 앞으로 갈 수 있다는 장점도 있다. 2000년대 초 이전의 빌라들은 주차가 세대당 1대가 해당되지 않아서 상대적으로 불편하다. 최근에 지어지는 빌라들은 주차가 세대당 1대로 원활하게 주차가 된다.

편의 시설

아파트는 단지 내에 어린이 놀이터, 운동 시설, 휴식 공간 등이 있어서 삶의 여유가 드러난다. 아파트는 사람들이 집중되어 살고 있기 때문에 편의시설도 집중되어 있다. 빌라는 작은 이면 도로나 빌라 사이 간격이 좁기 때문에 주거 환경이 대체적으로 복잡하다. 채광 면에서도 빌라는 어느 시점에 다른 신축 빌라로 인하여 앞이 막힐 수도 있다.

층간 소음

아파트의 층간 소음 때문에 뉴스에서도 문제를 많이 보도한다. 이웃 지간에 층간 소음 때문에 시끄러움도 많이 잦다. 특히 어린 애들이 있는 집들은 층간 소음 때문에 2층을 많이 선호한다. 빌라도 층간 소음이 있지만 이웃간에 서로 알고 지내고 있기 때문에 이해를 해주는 경우가 많다.

커뮤니티

아파트 같은 경우는 이웃집 간에 누가 사는지도 잘 모르고 지낸다. 그만큼 사생활이 잘 보호되어 있다는 것이다. 빌라의 경우는 보통 동선이 짧기 때문에 이웃끼리 마주칠 때가 많다. 위 아래 서로 누구누구인지 알수가 있다.

아래는 많이 헷갈려하는 전용 면적, 공용 면적, 분양 면적의 구분에 대해 알아보도록 하자.

중국은 제곱미터(m^2)로 면적을 계산한다. 집을 사려고 모델 하우스로 구경 다니다 보면 면적을 많이 물어보게 된다. 한국은 계약서 작성 시 제곱미터(m^2)로 작성하지만 구두로는 평형으로 얘기를 많이 한다.

집을 보러 오는 손님들은 모두 아끼고 아껴서 모은 돈으로 내 집 마련을 하시고자 하는 분들이다. 나도 밑바닥부터 살아왔기에 내 집 마련의 간절함을 누구보다 더 체휼을 하게 된다. 부동산에서 추천해주는 집을 보고 그중에서 선택하는 경우가 대부분이다. 2, 3억짜리 집을 너무 쉽게 선택한다. 직장 때문에 시간도 없고 부동산에 대해 잘 모르기에 그럴 수도 있다. 하지만 억 단위의 집을 사는데 너무 쉽게 결정한다. 우리는 코트 하나 사는 데도 며칠을 검색하고 몇 곳을 돌며 입어보고 하면서 결정한다. 집을 사려는 계획이 있으면 최소 내 집 마련에 대한 책 3권은 읽고 집을 보러 다녀라. SNS에서 소개하는 예쁜 집에 대한 영상이나 사진보다도 집에 대한 공부를 조금 더 했으면 좋겠다. 예쁘게 꾸며져 있는 분양 사무실의 현황에 현혹되지 말라. 그 집은 내 집이 아니다.

가끔 "시장에서 배추 사는 것도 아닌데 잘 따지고 사야 해요."라고 말한다. 맞는 말이다. 잘 따지면서 사야 한다. 그런데 어떤 것을 따져야 나한테 득이 될까? 싱크대에 물이 잘 나오는지, 화장실 변기에 물이 잘 내려가는지, 곰팡이가 있는지 등등을 잘 살펴보는 것도 중요하다.

이주민들 중에서 집 세 채, 네 채를 살 경제적 여력이 있는 분들은 드물다. 대부분이 한 채로 내 집 마련부터 시작한다. 그러기에 가급적이면 실거주와 투자를 함께 할 수 있는 집을 고려해야 한다. 그 한 채가 두 채로 가는 시간을 앞당겨주기 때문이다.

이주민들은 집을 갈아타는 것에 대한 두려움이 있다. 주변의 많은 사람들이 집을 갈아타면서 자산의 사이즈를 키워온 사람들이 많다. 주변의 사람들을 보면 대부분 사람들이 작은 집부터 내 집 마련을 시작한다. 큰 집을 살 때까지 돈을 모아서 사는 건 바보짓이다. 집값 오른 금액까지 모으려면 끝이 보이지 않을 것이다.

<부자로 가는 골든 팁 - 평형과 ㎡ 환산법 예시>

24평은 몇 ㎡일까요?

$24 \div 0.3025 = 약 79㎡$

100㎡는 몇 평일까요?

$100 \times 0.3025 = 약 30평$

03

헷갈리고
복잡한 면적
계산법

모델 하우스를 보러 다닐 때 어떤 집은 시각적으로 커 보이는데 등기부를 떼보면 면적이 적게 나오는 경우가 있다. 집의 종류에 따라 면적 계산법이 다르기 때문이다. 전용 면적, 공급 면적, 계약 면적 등등 여러 면적용어에 대해 궁금하기도 하고 어렵게도 느껴질 것이다. 부동산 매물 광고나 분양 광고를 볼 때 항상 평수가 나온다. 헷갈리는 면적 평형에 대해 정확히 알고 가자.

현행법상 30가구 이상으로 지어진 공동 주택은 주택법을 적용받아 분양 광고 시 전용 면적으로 면적 표시를 하게 되어 있다.

전용 면적

전용 면적은 우리 가족이 실제로 생활하는 공간의 면적이다. 즉 집 내부의 베란다, 외부 테라스 등 면적을 빼고 실사용 가능한 면적을 말한다. 즉 아파트 현관문 안쪽으로부터 현관과 거실, 화장실, 방, 주방으로 순수한 아파트 내부 면적이다.

전용 면적에는 서비스 면적이 제외된다. 베란다, 발코니, 테라스의 면적은 서비스 면적이다. 아파트 분양 광고나 주택 홍보관에 표기한 59㎡, 84㎡는 전용 면적을 표기한다.

전용 면적과 서비스 면적을 합하면 집 내부 전체 면적이 된다. 즉 실평수라고 한다. 집을 구경할 때 "실평이 얼마예요?"라고 많이 물을 때, 실사용 면적과 서비스 면적을 합한 면적을 물어보는 것이다.

전용 면적 + 서비스 면적 = 실면적

서비스 면적

베란다, 발코니, 테라스의 면적은 서비스 면적이다. 서비스 면적은 분양가에는 포함이 안 되나 분양 계약서에 발코니 확장비라 하여 돈을 따로 지불한다.

공용 면적

공용 면적은 다른 세대와 공동으로 사용하는 공간으로 계단, 엘리베이터, 공동 현관, 복도 등의 면적을 말한다. 전용 면적에 공용 면적을 더하면 공급 면적이 된다.

전용 면적 + 공용 면적 = 공급 면적(분양면적)

"우리 32평형에 살아요."라고 하는 32평형은 분양 면적을 말한다.

"우리집은 실평 25평형이에요."라고 말한다면 전용 면적에 서비스 면적을 합한 것을 말한다.

기타 공용 면적

기타 공용 면적은 아파트 전체에서 공동으로 사용되는 각종 커뮤니티 센터, 관리 사무소, 놀이터, 노인정과 같은 복지 시설, 주차장 등을 말한다. 즉 아파트내 모든 사람들이 같이 이용하는 부대시설을 말한다.

아파트와 오피스텔의 분양 면적 차이

아파트는 평단가를 공급 면적을 기준으로 말하고, 오피스텔과 상가는 평단가를 계약 면적으로 말한다.

주택법상의 아파트 : 전용 면적 + 공용 면적 = 공급 면적

건축법상의 오피스텔 : 전용 면적 + 공용 면적 + 기타 공용 면적 = 계약 면적

D type

3, 8, 11호

59m²

전용면적 59.190㎡
공용면적 23.392㎡
주차장면적 4.960㎡
계약면적 87.542㎡

부동산 매매나 거래시는 반드시 등기부등본이나 건축물 대장에 나와

있는 면적을 보고 계약을 해야 한다.

04

도시형
생활 주택과 오피스텔의
차이점

나에게 맞는 집을 고르는 것은 단순히 집만 찾는 것이 아니다. 집에 대한 다양한 정보 확인을 해야 하고 조건에 맞는지도 확인해야 하기에 많은 공부를 해야 한다. 집을 찾기 위해 부동산 사무소에 가면 다양한 매물들을 보게 된다. 보여주는 매물들을 보면 건축물의 형태가 다른 것도 있지만 비슷하게 보일때도 있어 어리둥절하다. 머리 아프다고 그냥 모르고 지나치면 나중에는 다른 의미로 해석될 수도 있다.

부동산을 처음 접한다면 헷갈리는 점이 많이 있다. 그중 하나인 도시형 생활 주택과 오피스텔의 차이를 알아보도록 하자. 도시형 생활 주택 속에 주거용 오피스텔이 포함되어서 더 헷갈릴 것이다. 이 2가지는 전혀 다른 물건이며 세금과 관련한 법률도 다르게 적용된다. 이러한 사실을 제대로 모르고 매매하면 손실을 볼 수도 있으니 유의하는 것이 좋다.

도시형 생활 주택, 이름도 생소하고 많이 들어본 적이 없어서 궁금할 것이다. 도시형 생활 주택은 도시민의 생활 패턴의 변화로 1~2인 가구가 증가함에 따라 정부가 도입한 주택 유형이다.

도시 지역 내에서 주택법의 사업 계획 승인을 얻어 지어진 300세대 이하, 전용 면적 85㎡ 이하인 주택이다. 총 세 가지 형태가 있는데, 단지형 연립형 주택, 단지형 다세대 주택, 그리고 가장 친근한 원룸형 주택이 있다. 300세대 이하의 적은 규모로 만들어졌다는 것이 도시형 생활 주택과 오피스텔의 차이라고 할 수 있다.

도시형 생활 주택은 정부가 1~2인 가구와 서민의 주거 안정을 위해 신속하고 저렴하게 주택을 공급할 수 있도록 건설사에게 각종 주택 건설 및 부대 시설 설치 기준을 느슨하게 풀어준 주택이다. 때문에 수요층 역시 좀 더 쉽게 집을 구입할 수 있고 주택 청약 자격, 재당첨 제한 등의 적용을 받지 않는 것이 특징이다.

자금 부담이 적고 청약 통장이 필요 없어 투자자는 물론 실수요자들 사이에서도 인기가 높아 2009년 첫 등장 후 얼마 지나지 않아 주택 시장의 주류로 자리매김하였다.

도시형 생활 주택과 형태가 유사해 혼동이 되는 상품이 오피스텔이다. 오피스텔(officetel)은 오피스(office)와 호텔(hotel)의 합성어이다. 1984년 고려개발이 서울 마포구에 지은 성지빌딩이 오피스텔의 효시로 기록되고 있다.

상업 지역에 건물을 올려야 하는데 모두 사무실로 채울 경우 분양이 쉽지 않을 것이란 생각에 집처럼 쓸 수 있게 하면 잘 팔리겠다 싶어서 탄생한 것이 오피스텔의 효시라 할 수 있다. 이 결과 업무와 주거를 겸할 수 있는 새로운 상품의 등장과 함께 수요가 급격히 늘어나 도심에 많이 공급되었다.

다시 말해 오피스텔은 주거 용도로 쓸 수 있지만 법적으로는 업무 시설인 '이중성'을 가진 건물이다. 이에 취득세 감면 대상에서 빠지게 되고 임대인이 부가세 환급을 위해 업무용으로 신고해둔 경우는 세입자가 전입 신고를 하지 못한다.

　간단히 요약하면 오피스텔은 주택 수에 포함되지 않지만 도시형 생활 주택은 주택법의 적용을 받아 주택 수에 포함(단, 20㎡ 이하 시 무주택 간주)된다. 그리고 오피스텔에 비해 취득세가 저렴하며 전용률이 오피스 텔에 비해 더 높고 발코니 설치가 가능하다.

[오피스텔 조감도]　　　　　　　[도시형 생활 주택 조감도]

　－제공 : 리버리치 홈페이지　　　　－제공 : AK 푸르지오 홈페이지

■ 오피스텔 VS 도시형 생활 주택의 차이점

구분	오피스텔	도시형 생활 주택
개념	주거용으로 쓸 수 있지만 업무용 시설로 구분되어 건축법 적용	공동 주택으로서 주택에 속하며 주택법 적용
청약	청약 통장 불필요. 재당첨 등 규제 없음. 청약 시 주택 수 포함 . 300세대 이상인 경우만 청약홈을 통해 모집	청약 통장 불필요. 청약 시 주택 수 포함
주택구분	업무용으로 사용 시 1가구 2주택 미포함	1가구 2주택 대상
전용률	40~60% 정도로 비교적 낮은 전용률로 발코니 설치가 제한	70~80%의 높은 전용률로 발코니 설치 가능
관리비	공급 면적 기준	공급 면적 기준 (오피스텔에 비해 저렴)
주차대수	세대당 1대 이상	0.2~0.6대 수준

■ 세금 관점에서 본 차이점

구분	오피스텔		도시형 생활 주택
	주거용	업무용	
주택 보유 여부	○	×	○ (단, 20㎡ 이하는 ×)
취득 · 취득세	4.6%		1.1%
취득 · 부가세	10%	10% (매입 세액으로 공제 또는 환급 가능)	×
보유 · 재산세	공시가 60% × 0.1~ 0.4%	토지 시가 표준 70% × 0.2 ~ 0.4% + 건물 시가 표준 70% × 0.25%	주택공시가 60% × 0.1 ~ 0.4%
보유 · 종부세	합산	합산 제외	합산
보유 · 부가세	×	월세, 보증금이자 10%	×
양도 · 양도소득세	과세 (단, 1세대 1주택 비과세)	과세	과세 (단, 1세대 1주택 비과세)
관리비	동일 전용 면적 기준 도시형 생활 주택보다 높음 (전용률 50~60%)		동일 전용 면적 기준 오피스텔보다 저렴 (전용률 70~80%)

내 집 마련은 부자로 가는 골든 티켓이다

05

우리가
알아야 할 세금
용어 정리

부동산을 매입할 때 가장 많이 드는 비용이 바로 취득세이다. 취득할 때 반드시 취득세를 내야 하고, 잔금을 치르고 60일 이내에 납부해야 한다. 소유권 이전 등기를 신청하기 위하여 '취득세 납부영수증'이 첨부되어야 하기 때문에 대부분 잔금일에 소유권 이전 등기를 신청하면서 납부한다. 대부분이 법무사에게 위임을 해서 진행한다.

이주민들은 대부분 실거주의 목적으로 집을 산다. 집의 종류도 주택, 오피스텔, 빌라 세 가지가 보편적이다. 주택의 경우 취득세는 1.1%, 오피스텔의 경우 취득세는 4.6%, 빌라의 경우 취득세 1.1%로 보면 된다.

주택 취득세는 매매가 6억 원, 9억 원 단위로 차등 적용한다. 과세 표준은 취득 당시의 매매가액을 원칙으로 한다. 신고가액이 없거나 신고가액이 시가 표준액에 미달할 때에는 시가표 준액으로 한다. 주택의 취득세 세율은 취득가액(매매가)을 기준으로 6억 원 이하, 6억 원~9억 원 이하, 9억 원 초과, 1가구 2주택, 1가구 3주 택이상, 법인으로 크게 여섯 가지로 나뉜다.

취득가액이 6억 원 이하일 때 취득세는 1%이다. 지방교육세가 0.1% 붙는다. 주택의 전용 면적이 85㎡ 초과할 경우 농어촌 특별세가 0.2% 추가로 붙는다.

취득세를 알아보고자 한다면 우리에게는 항상 네이버가 있다. 네이버 검색창에 취득세 계산기라고 입력을 하면 계산 공식이 나온다.

N | **부동산 취득세 계산기**

| 통합 | VIEW | 이미지 | 지식iN | 인플루언서 | 동영상 | 쇼핑 | 뉴스 | 어학사전 | 지도 | ··· |

부동산 취득세 계산기

매물종류	농지 외	농지	
거래종류	전용 85㎡이하 주택	전용 85㎡초과 주택	주택 외

거래금액　　　　　　　　　300,000,000 원

3억원

취득세 (세율 1%)　　　　　　3,000,000 원
지방교육세 (세율 0.1%)　　　　　300,000 원
농어촌특별세　　　　　　　　　　비과세
세액 합계액　　　　　　　　3,300,000 원

↻ 초기화

ⓘ 부동산 거래 시 부과되는 취득세 예상 금액을 산정하기 위한 참고용 계산기이며, 실제 세액과는 다소 차이가 있을
수 있습니다.
"개인대개인"의 유상거래인 경우에만 계산이 가능합니다.
자세한 정보는 **위텍스**를 통해 확인하시기 바랍니다.

N ｜ **부동산 취득세 계산기**　　　　　　　　　　　⌨ ▾ 　Q

통합　VIEW　이미지　지식iN　인플루언서　동영상　쇼핑　뉴스　어학사전　지도　•••

부동산 취득세 계산기

매물종류　　　|　농지 외　　|　농지　|

거래종류　　|전용 85m²이하 주택|전용 85m²초과 주택|**주택 외**|　상가, 오피스텔, 토지(농지제외)

거래금액　　　　　　　　　300,000,000 원

3억원

취득세 (세율 4%)　　　　　12,000,000 원
지방교육세 (세율 0.4%)　　　1,200,000 원
농어촌특별세 (세율 0.2%)　　　600,000 원
세액 합계액　　　　　　　13,800,000 원

↻ 초기화

ⓘ 부동산 거래 시 부과되는 취득세 예상 금액을 산정하기 위한 참고용 계산기이며, 실제 세액과는 다소 차이가 있을
수 있습니다.
"개인대개인"의 유상거래인 경우에만 계산이 가능합니다.
자세한 정보는 **위텍스**를 통해 확인하시기 바랍니다.

주택 보유 시 재산세

재산세는 매년 6월 1일을 기준으로 등기사항 증명서상의 소유자에게 부과된다. 주택은 2회로 나누어 부과되는데, 산출 세액의 50%가 7월에 부과되고, 나머지 50%는 9월에 부과된다. 여기서 주의할 점은 6월 1일 소유한 사람에게 과세가 된다는 것이다. 6월 2일에 잔금을 치르면 그해 재산세를 내지 않아도 된다. 반대로 매도자가 재산세를 내지 않으려면 5월 31일 전으로 소유권 이전을 마쳐야 한다.

재산세 고지서를 보면 재산세 외에 '도시 지역분', '지역 자원 시설세', '지방 교육세' 등의 세목이 함께 부과되어 징수되고 있다. 또한 공동 명의인지 단독명의인지에 따라서 부과 기준이 다르다.

재산 보유 시 종합부동산세

종부세는 재산세와 마찬가지로 과세기준일 6월 1일 시점의 소유자에게 부과하는 보유세이다. 납부 기간은 매년 12월 1일부터 15일까지이다.

팔 때 양도소득세

양도소득세는 주택을 매도할 때 발생하는 세금이다. 주택을 사서 얼마나 이익을 보았느냐를 따져서 그 차익에 대해서만 내는 소득세의 일종이다. 거주자가 구성하는 1세대가 양도일 현재 국내에 1주택을 2년 이상 보유하고 (조정 대상 지역 내에 있는 경우에는 보유기간 중 2년 이상 거주) 양도가액이 9억 원 이하일 경우 양도소득세는 비과세이다.

'1세대'란 거주자 및 배우자가 그들과 같은 주소 또는 거소에서 생계를 같이 하는 자(거주자 및 그 배우자의 직계존비속(그 배우자를 포함) 및 형제자매를 말하며, 취학, 질병의 요양, 근무상 형편으로 본래의 주소 또는 거소에서 일시 퇴거한 사람을 포함)와 함께 구성하는 가족 단위를 말한다.

이주민들은 주택을 취득할 때 대부분이 9억 원 이하의 주택을 구입한다. 그리고 실거주 목적으로 구입을 하기에 양도소득세는 고민하지 않아도 된다.

살아 있을 때 재산을 물려주면 증여세

살아 있는 사람에게 재산을 물려받으면 증여, 죽은 사람에게 재산을 물려받으면 상속이 된다. 증여세란 무상으로 재산을 받은 사람이 증여받은 재산가액에 따라 납부해야 하는 세금으로 국세에 속한다.

사망 후 재산을 물려주면 상속세

상속세는 사망으로 인하여 재산이 상속될 때 부과되는 세금이다. 상속인이 받은 재산이 채무보다 많을 때, 그 가액에 따라 차등 부과되는 세금으로 국세에 속한다.

"구더기 무서워 장 못 담글까?"라는 속담이 있다. 세금이 무서워도 재산을 불리지 않는 부자는 하나도 없을 것이다. 세금을 낼 수 있다는 것 자체가 이미 그만큼 부의 상징이고 자산이 불어난 사람이라는 것이다. 이주민들도 내국인과 마찬가지로 세금 의무가 있다.

06

대출 시
이자 상환 방식을
알아보자

대출을 이용하여 집을 사게 되면 은행에 이자를 상환해야 된다. 대출을 받을 때 한도와 금리만큼 중요한 것은 대출 상환 방식이다. 대출 상환 방식에는 기본적으로 만기 일시나 체증식, 원금 균등 및 원리금 균등 상환 방식이 있다.

만기 일시 상환의 경우는 신용처럼 특별한 경우에만 이용이 가능하다. 체증식의 경우에는 취급하는 금융기관이 많지 않다. 보통 시중 은행에서 주택 담보 대출 시 원금 균등 상환 방식과 원리금 균등 상환 방식을 많이 이용한다. (구체적인 계산 방식은 2장 2꼭지 참조)

만기 일시 상환 방식

만기 일시 상환 방식은 대출을 받는 동안 대출 금액에 대한 이자만 내고 대출 만기일에 원금을 갚는 방식이다. 만기될 때까지 이자만 내다가 만기 되었을시 원금을 내기 때문에 초기에 부담이 적다. 만기 일시 상환은 담보 가치에 비해 소액이거나 규제를 받지 않는 물건이나 지역에서 주로 사용한다.

원금 균등 상환 방식

원금 균등 상환은 매달 내는 원금이 같은 상환 방식을 말한다. 이자는 매달 남아 있는 원금에 대해 부과가 된다. 원금이 줄어드는 만큼 이자도 줄어든다. 때문에 원금 균등 상환은 초기에는 부담이 되지만 갈수록 원금과 이자가 줄어든다.

원리금 균등 상환 방식

원리금이란 '원금+이자'를 말한다. 원리금 균등 상환은 매달 내는 금액이 동일하다. 원금과 이자의 금액이 시간이 흐름에 따라 달라진다. 매달 상환하는 금액이 똑같기 때문에 수입이 일정하거나 매월 같은 금액으로 상환 계획하시는 분들이 선호한다.

원금 균등과 원리금 균등의 경우 어떤 상환 방식이 더 좋다 나쁘다 할 수 없다. 고정적인 월급이 있는 직장인이라면 초기 부담금이 적은 원리금 균등 방식을 더 선호할 수도 있다. 원금 균등 상환 방식은 총 내는 이자가 원리금 균등보다 적지만 초반에 내는 비용이 더 많기도 하다. 때문에 장단점을 잘 살펴보고 본인의 상황에 맞게 선택하시면 된다.

중도 상환 수수료

그밖에 대출 시 하나 더 체크해야 할 것은 중도 상환 수수료이다. 중도 상환 수수료는 대출 만기 시까지 유지하지 않고 중도에 일부 또는 전액을 상환할 경우 발생하는 수수료이다. 주택 담보 대출의 중도 상환 측정 기간은 일반적으로 3년으로 한다. 3년 이내에 대출금을 상환할 시 중도 상환 수수료를 부과한다. 이외 신용이나 사업 자금 등 다른 대출의 경우 1년 이내로 측정하기도 한다. 기간이나 수수료는 금융사마다 차이가 있어서 개별적으로 확인해야 한다.

그 외에 주택 취득 시 중개수수료가 발생한다. 거래가 성립되었을 경우 거래자 쌍방이 지불해야 할 금액이다. 중개수수료는 거래 금액의 요율에 따라 계산이 되는데 요율은 각 시·도의 조례에 따른다.

거래 금액 확인

전세 거래 금액 = 전세 보증금

월세 거래 금액 = 보증금 + (월세×100)

이때 계산된 금액이 5,000만 원 미만일 경우 : 보증금 + (월세×70%)으로 계산

중개수수료에는 상한 요율이 있다는 것도 알아야 한다. 거래가액에 수수료 요율을 곱한 금액으로 하되 산출된 금액이 요율표에 정해진 한도액을 초과하는 경우는 한도액 범위 내에서만 받을 수 있다.

월세 중개수수료 = 월세 거래 금액 × 상한요율

전세 중개수수료 = 전세금 × 상한요율

서울특별시 부동산 중개보수 요율표

• 주택(주택의 부속토지, 주택분양권 포함) (서울특별시 주택중개보수 등에 관한 조례 제2조 별표1) (2021. 12. 30 시행)

거래내용	거래금액	상한요율	한도액
매매 · 교환	5천만원 미만	1천분의 6	25만원
	5천만원 이상 ~ 2억원 미만	1천분의 5	80만원
	2억원 이상 ~ 9억원 미만	1천분의 4	없음
	9억원 이상 ~ 12억원 미만	1천분의 5	없음
	12억원 이상 ~ 15억원 미만	1천분의 6	없음
	15억원 이상	1천분의 7	없음
임대차등 (매매 · 교환 이외)	5천만원 미만	1천분의 5	20만원
	5천만원이상 ~ 1억원미만	1천분의 4	30만원
	1억원 이상 ~ 6억원 미만	1천분의 3	없음
	6억원 이상 ~ 12억원 미만	1천분의 4	없음
	12억원 이상 ~ 15억원 미만	1천분의 5	없음
	15억원 이상	1천분의 6	없음

• 오피스텔 (공인중개사법 시행규칙 제20조제4항) (2015. 1. 6 시행)

적용대상	거래내용	상한요율
전용면적 85㎡이하, 일정설비(전용입식 부엌, 전용 수세식 화장실 및 목욕시설 등)를 갖춘 경우	매매 · 교환	1천분의 5
	임대차 등	1천분의 4
위 적용대상 외의 경우	매매 · 교환 · 임대차 등	1천분의 9

• 주택 · 오피스텔 외(토지, 상가 등) (공인중개사법 시행규칙 제20조제4항) (2015. 1. 6 시행)

거래내용	상한요율
매매 · 교환 · 임대차 등	거래금액의 1천분의 9

부동산 중개보수 적용기준

1 중개보수는 거래금액 × 상한요율 이내에서 중개의뢰인과 개업공인중개사가 서로 협의하여 결정 (단, 한도액 초과 불가)
  ◑ 「공인중개사법 시행규칙」 제20조제1항, 제4항
2 중개보수의 지급시기는 개업공인중개사와 중개의뢰인간의 약정에 따르되, 약정이 없을 때에는 중개대상물의 거래대금 지급이 완료된 날로 함 ◑ 「공인중개사법 시행령」 제27조의2
3 보증금 외 차임이 있는 거래금액 : 보증금 + (월차임×100) 단, 합산한 금액이 5천만 미만일 경우 : 보증금 + (월차임×70)
  ◑ 「공인중개사법 시행규칙」 제20조제5항
4 건축물 중 주택 면적이 1/2이상인 경우 주택의 중개보수, 주택 면적이 1/2 미만인 경우 주택 외의 중개보수 적용
  ◑ 「공인중개사법 시행규칙」 제20조제6항
5 분양권 거래금액 : 거래 당시까지 불입한 금액(융자 포함) + 프리미엄
6 중개보수의 부가가치세는 별도임.
7 개업공인중개사는 주택 외의 중개대상물에 대하여 중개보수 요율의 범위 안에서 실제 자기가 받고자 하는 공인중개사법 시행규칙 제10조제2호에 따른 중개보수, 실비의 요율 및 한도액표를 게시하여야 함 ◑ 「공인중개사법 시행규칙」 제20조제7항

서울특별시

07

신용 점수와
신용에
대하여

  우리는 신용 사회를 살아가고 있다. 우리의 신용 상태가 부동산 거래에 영향을 미치게 된다. 한국이라는 나라에서 신용불량자가 되면 아무것도 못 한다. 때문에 신용을 목숨처럼 여겨야 한다. 특히 이주민들은 한국에서 외국인의 신분으로 살고 있기에 신용을 더 중요시해야 한다. 간단한 핸드폰 요금, 세금, 의료 보험 등의 체납이 있으면 나중에 입출국 시문제가 발생할 수도 있다. 금액이 적다고 잊어버리거나 불이익을 당할 수 있기에 본인의 신용을 잘 챙겨야 한다.

  한국에서 생활하려면 반드시 신용 점수를 높여야 한다. 신용 점수는 최고 1,000점이 만점이고, 1~10등급으로 나뉜다. 지금은 신용 등급 제도가 신용 점수 제도로 바뀌었다. 대출은 금융기관에서 얼마나 믿을 수 있는지에 따라서 대출 금리가 결정된다. 대부분의 은행은 신용 등급이 높을수록 대출 금리가 낮아진다. 신용 등급이 낮을수록 대출 가능 금액은 적어지고 부담해야 할 금리는 높아진다. 신용 점수는 올크레딧(www. allcredit.co.kr) 사이트에서 확인할 수 있다.

그렇다면 은행이 직접 우리의 신용 점수를 평가할까? 신용 평가는 신용 평가 업체에 맡기는 경우가 대부분이다. 우리나라에는 신용을 평가하는 기관에 의뢰를 해서 신용 평가를 한다. 주로 KCB, NICE라는 업체가 있다. 이 업체들은 신용 점수를 평가하고 수수료를 가져가는 업체이다.

그렇다면 무엇을 평가할까?

1) 신용 거래 형태

2) 상환 이력

3) 부채 수준

4) 거래 기간

5) 비금융 부분

업체마다 비중이 조금씩 다 다르다. 그러면 어떤 것을 신경써야 할까?

1. 대출이나 연체가 있으면 당연히 안 된다.

2. 신용 카드를 연체 없이 사용한 기간이 길수록 신용 점수 평가를 받을 때 유리하다.

3. 통신 요금이나 공과금, 국민연금 납입한 내역이나 건강 보험 납입한 내역이 있으면 신용 점수를 높게 평가 받을 수 있다.

사회 초년생들이 신용 점수 평가를 받으면 대개 낮게 나오는 경우가 있는데, 이런 이력들이 없기 때문에 점수가 낮게 나오는 것이다. 신용 카드도 사용해야 한다. 통신 요금이나 공과금 낸 이력을 제시하면 신용 점수가 높아질 수 있다.

대출이 연체되면 안 좋다. 신규 대출이나 대출 건수가 많다. 그러면 신용 점수 평가 받을 때 불리하다. 금리가 높은 대출을 받을 수밖에 없었다면 다른 대출을 받을 때에도 영향을 준다. 연체가 여러 건이다. 금리도 높은 대출을 받았다. 1금융권이 아니라 2금융권, 3금융권 이런 곳에서 대출을 받았다면 신용 점수 평가받는 데 영향을 미친다. 신용카드 현금 서비스는 금리가 높기 때문에 안 좋은 영향을 준다. 한 가지 팁은 연체가 여러 건이 있다면 오래된 연체부터 갚는 것이다.

신용 점수부스터(https://www.credit.co.kr/ib20/mnu/BZWOCCNCA00 에서 여러 가지 것들로 '내가 믿을 만한 사람이다, 신용 있는 사람이다'라는 것을 보여주자. 국민 연금, 소득 금액 증명원, 각종 요금 납부내역서 등을 제시할 수 있다.

<부자로 가는 골든 팁 - 신용 점수에 대해서 오해하는 점들>

1. 신용 조회를 한다고 해서 신용 점수가 떨어지지 않는다.

2. 부자면 신용 점수가 높은가? 부자여도 대출이나 연체 관리를 하지 않거나 금융이력이 없거나 하면 신용 점수가 낮다. 부자랑 신용 점수랑은 직접적인 연관은 없다. 그러나 부자라면 연체 확률이 낮기 때문에 신용 점수가 낮을 가능성이 적어진다.

3. 신용 카드 발급을 많이 하는 것도 신용 점수와 연결되어 있는가? 신용카드를 많이 발급한다고 해서 신용 점수가 떨어지지는 않는다. 신용카드를 당연히 많이 발급하면 관리하기 힘들기 때문에 한 건이라도 연체되면 영향을 받는다.

08

부동산 용어,
아는 만큼
돈 번다

부동산을 입문하면서 용어는 필수이고 기초이다. 그리고 부동산은 내가 용어를 아는 만큼 보인다. 부동산 용어는 익숙지가 않아서 어렵게 느껴진다. TV에서 용어가 나와도 그냥 스쳐 듣지 말고 검색해서 기억해야 한다. 기억에 남지 않으면 메모장에 적어놓고 두세 번 더 보라. 생소한 용어일수록 기억 저장소에 넣어야 한다.

지금 나에게도 생소한 용어가 너무 많다. 나와 관계가 없다고 생각하면 흘려듣게 된다. 한국 땅에서 살고 있는 이상 관계가 없는 것이 아니다. 내가 받아들이지 않는 것뿐이다. 내가 알고 있는 것이 나의 무기가 된다. 설령 부동산에 관심이 없더라도 상식선에서 알고 있어야 한다.

레버리지

지렛대라는 뜻으로, 모자란 돈을 빌려서 투자에 수익률을 극대화하는 투자 방법을 일컫는다. 쉽게 설명하면 은행 돈이나 전세 자금을 레버리지로 활용해서 매수 혹은 투자에 사용한다고 생각하면 된다.

갭 투자

시세 차익을 목적으로 주택의 매매 가격과 전세금 간의 차액이 적은 집을 전세를 끼고 매입하는 투자 방식이다. 예를 들어 매매 가격이 3억 원인 주택의 전세금 시세가 2억 5,000만 원이라면 전세를 끼고 5,000만 원으로 집을 사는 방식이다. 이럴 때 5,000만 원의 갭이 생긴다. 이렇게 투자하는 방식이 갭 투자 방식이다.

전세 계약이 종료되면 전세금을 올리거나 매매 가격이 오른 만큼의 차익을 얻을 수 있다. 여기에서 부동산 호황기에 집값이 상승하면 이익을 얻을 수 있지만 반대의 경우에는 깡통 주택으로 전락해 집을 팔아도 세입자의 전세금을 돌려주지 못하거나 집 매매를 위한 대출금을 갚지 못하는 위험이 있다.

신탁 회사

신탁의 내용에는 여러 가지가 있다. 그중 이주민들이 부동산을 매매하면서 담보 신탁과 많이 연결이 된다. 담보 신탁이란 부동산 신탁 가운데 하나이다. 부동산을 신탁회사에 담보로 제공하고 대출을 받는 새로운 금융 상품이다. 대출 기간이 만료되어 위탁자가 대출금을 갚으면 신탁 계약을 해지한다. 신탁 부동산을 위탁자에게 돌려주고 갚지 못할 경우 부동산 신탁 회사가 신탁 부동산을 처분해 그 대금으로 금융 기관 대출금을 갚는다. 신탁 회사는 사채업자가 아니다.

등기부등본

부동산 등기부등본은 중국의 방산증(房産證)과 유사한 것이다. 한국에서 부동산을 매입을 하게 되면 법무사가 등기소에 가서 본인의 등기신청을 대행한다. 약 일주일 후면 매수한 부동산이 본인 이름으로 변경되었는지의 등기 사항을 열람할 수 있다. 열람 주소는 대법원(www.iros.co.kr)이다.

건축물 대장/토지 대장

과거 주민센터, 구청에 가야만 알 수 있었던 대부분의 업무를 정부24

홈페이지(www.gov.kr)에서 처리할 수 있다. 행정안전부에서 운영한다.
건축물/토지 대장 외에도 주민등록 등초본, 전입 신고, 병직 증명서 등
정부의 각종 서류와 민원 처리, 정책 홍보를 통합 제공하는 대한민국 정
부의 포털 사이트이다.

감가상각

건물, 기계 등 고정 자산의 대부분은 시간이 지나면서 그 자본 가치가
점점 소모된다. 따라서 감소된 가치를 산정하여 고정 자산의 금액에서 그
만큼을 공제하고 비용으로 계산해야 하는데, 바로 그 절차를 일컫는다.

상권 분석

소상공인 상권정보시스템(www.sbil.or.kr)은 소상공인시장진흥공단
에서 운영 중이다. 상권 분석, 경제 분석, 입지 분석, 수익 분석 등 전국
모든 지역의 상권 분석이 가능하다.

기준 금리

자금을 조달하거나 운용할 때 적용하는 금리의 기준이 되는 금리. 한
나라의 중앙은행에서 금융 정세의 변화에 따라 일정 기간마다 결정하며,

금융 시장에서 각종 금리를 지배한다.

LTV. DTI. DSR은 부동산 대출의 기준이 되는 지표이다.

LTV는 Loan To Value Ratio의 약자로 주택 담보 대출 비율을 말한다. 주택을 구입할 때 은행에서 받을 수 있는 대출 한도를 알아보는 지표이다. 만약 LTV 비율이 60%일 때 주택의 가격이 5억 원이라면 주택 가격의 60%인 3억 원이 내가 받을 수 있는 대출 한도이다.

DTI는 Debt To Income의 약자로 금융 부채 상환 능력을 소득으로 따져 대출 한도를 정하는 계산 비율이다. 직장인이 연봉이 8,000만 원이고 연 대출 상환액이 4,000만 원이라면 DTI는 50%이다

DSR은 Debt Service Ratio의 약자로 금융권 대출의 원리금 상환액을 연소득으로 나눈 비율을 나타낸다. 대출 희망자가 은행에 상환해야 하는 모든 원리금을 합산한 후 연소득으로 백분율한 부채 상환 능력 지표라 보면 된다.

조정 대상 지역

조정 대상 지역은 주택 가격 청약 경쟁률, 분양권 전매량 및 주택 보급률 등을 고려하였을 때 주택 분양 등이 과열되어 있거나 과열될 우려가 있는 지역 등에 대해 국토교통부 장관이 지정하는 지역을 말한다. 조정 대상 지역으로 지정되면 주택 담보 대출에 LTV, DTI 제한을 받게 되는 것은 물론 분양권 전매 및 1순위 청약 자격 등 규제가 생긴다.

투기과열지구

부동산앱 '호갱노노'의 우측 상단에 규제를 클릭하면 투기 지역, 투기 과열 지구, 조정 대상 지역, 비조정 지역을 확인할 수 있다. '호갱노노' 안에는 규제뿐 아니라 개발 일정 뉴스, 경매, 실거래가, 토론 등 다양한 정보와 커뮤니티를 볼 수 있다.

발코니

발코니는 외벽으로 밖으로 튀어나온 공간이다. 발코니는 용적률과 전용 면적 등에 들어가지 않는 서비스 면적이다. 확장 공사를 진행하면 실제 면적보다 넓어 보이는 경우도 이런 경우이다. 거실 앞으로 나와 있는 공간을 발코니라고 보면 된다.

테라스

테라스는 보통은 실내 바닥보단 20cm 정도 낮게 만들어진다. 1층의 외부를 전용 정원이나 휴식처로 활용하는 공간을 말한다. 테라스는 지붕이 따로 없기 때문에 어닝을 만들어서 햇빛을 피하거나 비를 맞지 않게 해준다.

베란다

베란다는 아래층 옥상에서 생긴 공간을 말한다. 상층 면적이 하층 면적보다 적은 경우 아래층 지붕을 활용한 것으로 건물 외벽에서 연장되어 만들어진 것이다. 즉 밑의 가구랑 위의 가구의 면적 차이로 인해서 생긴 공간은 베란다로 본다.

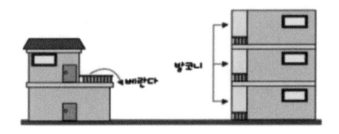

지하철

지하철은 누구나 알고 있을 것이다. 현재 9호선까지 운행되고 있다. 일명 역세권은 교통이 좋다는 거고 교통이 좋다는 건 유동인구가 많고 부동산 가격도 잘 떨어지지 않는다는 뜻이다. 또한 역세권은 가치가 있고 회복력이 강하다.

경전철

경량 전철의 줄임말로 도심과 도심 사이의 운행을 목적으로 한 일종의 철도 차량이다. 수송 용량이 지하철과 버스의 중간 규모로 기존 도로변이나 도로 위에 건설할 수 있어 건설 비용이 지하철에 비해 저렴한 전철이다.

광역 버스

광역버스는 2개 이상의 시·도를 통과하는 노선을 운행하며 주변 도시와 대도시의 도심, 부도심을 직결한다. 수도권 주요 거점을 곧바로 연결하는 광역 급행 버스는 수도권 도심의 교통 혼잡을 완화하고 출근 및 퇴근을 신속히 한다.

KTX(케이티엑스)

고속 열차를 말한다. 최고 시속은 약 시속 300km이며, 1994년 6월 프랑스 테제베로 차량 도입 계약을 체결하여, 2004년 4월 경부 · 호남선을 개통하였다. KTX는 관련 정보를 알아보려면 레츠코레일 사이트(www.letskorail.com)를 이용하면 된다.

고속 철도 코레일에는 여행 상품도 있다. 주말에는 여행 상품을 이용하여 여유를 즐길 수도 있다.

GTX

수도권 외곽에서 서울 도심의 주요 거점을 연결하는 수도권 광역 급행 철도이다. 2007년 경기도가 국토부에 제안해 GTX A · B · C 등 3개 노선 건설이 추진되고 있다. 기존 수도권 지하철이 지하 20m 내외에서 시속 30~40km로 운행되는 것에 비해 GTX는 지하 40~50m의 공간을 활용, 노선을 직선화하고 시속 100km 이상(최고 시속 200km)으로 운행하는 신개념 광역 교통 수단이다.

GTX는 A(경기 파주 운정~화성 동탄역), B(인천 송도~경기 마석역), C노선(경기 양주~경기 수원역) 등 3개 노선으로 나눠지며, 3개 노선 모두 예비 타당성 조사를 통과했다. GTX A, B, C 노선은 최고 시속 200km, 평균 시속 100km의 속도로 주행하기 때문에 경기도나 인천에서 서울 도심까지 현재 2~3시간 걸리는 시간이 20~30분 이내로 대폭 단축될 것으로 전망되고 있다.

<부자로 가는 골든 티켓 - 알아두면 유익한 부동산 신조어들>

역세권 : 기차, 지하철역 인근

숲세권 : 녹지 공간(공원)인근

몰세권 : 대형 쇼핑몰 인근

백세권 : 백화점 인근

학세권 : 학원가, 학교 인근

공세권 : 대형 공원 인근

의세권 : 대형 병원 인근

마용성 : 마포, 용산, 성동

강남3구 : 강남, 서초, 송파

강남4구 : 강남, 서초, 송파, 강동

금관구 : 금천, 관악, 구로

부린이 : 부동산+어린이

주담대 : 주택 담보 대출

임장: 현장 답사 활동

마통 : 마이너스 통장

초품아 : 초등학교를 품은 아파트

몸테크 : 실거주하며 오를 때까지 몸으로 버티기

다운계약 : 매매가보다 낮게 실거래 신고

업계약 : 매매가보다 높게 실거래 신고

공투 : 공동 투자

대장 아파트 : 가격의 상승과 거래를 주도하는 아파트

오피 : 오피스텔

피 : 프리미엄

떴다방 : 이동식 불법 중개업소

영끌 : 영혼까지 끌어모아 아파트를 구매

벼락거지 : 아무 일도 하지 않았지만 집값이 오르는 바람에
갑자기 거지 신세가 된 무주택자

하우스푸어 : 집은 있지만 빈곤하게 사는 사람들

렌트푸어 : 급증한 전셋값을 감당하는 데 소득의 대부분을 지
출하는 사람들

부동산 블루 : 연일 폭등하는 집값과 전셋값으로 좌절감에 빠
진 무주택자가 겪는 우울감을 일컫는 말

청포족 : 높아지는 청약 경쟁률에 주택 청약을 포기하는 사람

내 집 마련은 부자로 가는 골든 티켓이다

09

부린이 탈출
부동산 공부
사이트

■ 직방, 다방, 네이버 부동산

'직방', '다방', '네이버 부동산'은 전 국민이 모두 아는 부동산 플랫폼일

것이다.

앱도 있고 웹사이트도 있어 언제 어디서나 활용하기 좋은 기본 플랫폼

이라고 할 수 있다.

내 집 마련은 부자로 가는 골든 티켓이다

■ 공시 지가 및 주택 공시 가격 확인

부동산공시가격알리미(www.realtyprice.kr)는 개별 단독 주택, 표준 단독 주택, 공동 주택, 개별지, 표준지 등 공시 가격 정보를 제공하는 곳이다.

집을 매입할 때 주택의 대출이 50% 정도 나온다고 할 때, 항상 계산보다 적게 나올 경우가 많다. 그 이유는 대출 기준이 매매가가 아닌 공시 지가이기 때문이다. 대부분의 공시지가는 매매가보다 낮게 나온다.

■ 국토교통부 아파트 실거래가 조회

국토교통부 실거래가 공개 시스템(http://rtmolitgo.kr)을 통하여 실거래가 조회를 쉽게 편리하게 이용할 수 있다.

■ '호갱노노'

'호갱노노(https://hogangnono.com/)'에서는 국토교통부 아파트 실거래가와 시세를 지도에서 볼 수 있으며 가장 많이 오른 아파트, 인기 아파트 등 아파트에 대한 모든 정보를 확인할 수 있다.

■ 등기부등본발급 및 열람

대법원인터넷등기소(http://www.iros.go.kr/PMainJ.jsp)는 부동산

및 법인 등기부등본 열람, 발급, 신청 사건 처리 현황 조회, 상호 검색 서

비스를 안내한다.

■ 건축물대장열람 및 발급

정부24(https://www.gov.kr/portal/main)는 정부의 서비스, 민원, 정책 · 정보를 통합 · 제공하는 대한민국 정부 대표 포털이다.

■ '부동산지인'

'부동산지인(https://aptgin.com/home/gin05/gin0501)'은 빅데이터 기반으로 지역 분석, 수요와 입주, 아파트 분석, 미분양 상태 등을 볼 수 있다.

■ 주택도시기금

주택도시보증공사(https://nhuf.molit.go.kr/)는 주거 복지 증진과 도시 재생 활성화를 지원하기 위한 각종 보증 업무 및 정책 사업을 수행하고, 주택도시기금의 효율적인 운용 및 관리를 통해 서민 주거 안정을 이끌어가는 역할을 한다.

■ LH한국토지주택공사

LH한국토지주택공사(https://www.lh.or.kr/index.do)는 주로 토지 취득, 관리, 택지 개발, 공급, 토지 비축, 국민 주택 분양, 임대, 주거 환경 개선 등 사업을 한다.

■ SH서울주택도시공사

SH서울주택도시공사(https://www.i-sh.co.kr/main/index.do)는 서울시민의 주거 복지 향상을 위해 설립된 주거 복지, 청약 정보, 주택 임대, 행복 주택, 다가구 임대, 장기 전세 등 주거 복지, 도시 재생 전문 지방 공기업이다.

■ 청약홈 아파트청약신청 사이트

청약홈(https://www.applyhome.co.kr)에서는 청약 신청, 당첨자 발표, 청약 정보, 청약 일정, 청약 신청 내역 조회, 특별 공급, 청약 가점 계산기 등 청약에 관한 모든 정보를 조회할 수 있다.

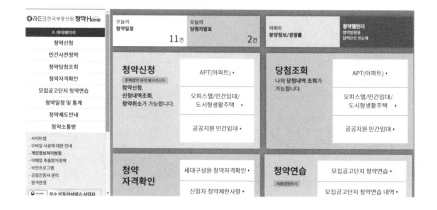

GOLDEN TICKET

4장

내 집 마련

재테크가 평생의

부를 결정한다

01

내 집 마련을
넘어 투자의 세계로
진입하라

부자의 길로 들어서는 첫걸음은 내 집 마련이다. 내 집 마련을 발판으로 삼아 지속적인 관심과 부동산에 대한 공부 그리고 실행을 통해 자본소득을 늘려가야 한다. 나는 이것이 이주민들에게 있어서 부의 길로 가는 공식이라고 생각한다.

2016년 부동산 컨설팅 회사에 취직을 해서 컨설팅 영업 업무를 한 적이 있다. 그렇게 나는 한국에서 처음으로 부동산을 접하기 시작했다. 내가 하는 일은 영업 마케팅으로 투자자를 모집하는 일이었다. 그 시기 갭

투자가 한창 유행이었다. 전세가가 고공 행진 하면서 아파트의 갭이 놀

랄 정도로 적었다. 또한 SNS의 파급 효과와 더불어 부동산에 대한 열의

가 훨훨 타오르던 시기였다.

일을 하면서 많은 투자자분들을 만나게 되었다. 회사에서 진행하는 강

의 프로그램에는 늘 앉을 자리가 없을 정도로 꽉 찼다. 회사는 서울에 있

었지만 전국 각지에서 투자자들이 몰려들었다. 부동산을 배우려고 하는

사람들, 아파트에 관심이 있는 사람들, 투자 물건 찾는 사람들, 각양각색

의 사람들로 붐볐다. 내가 놀란 것은 아파트 30채, 40채 갖고 계신분들

도 적지 않았다는 것이다. 돈이 많을수록 자산이 많을수록 끊임없이 공

부하고 정보를 찾는다는 걸 그때 알았다.

투자 마인드를 세우고, 투자 물건에 확신이 들면 과감히 투자에 결단한다. 본인의 여윳돈으로 투자를 하시는 분들도 있었지만 많은 분들이 지렛대 효과를 이용했다. 오시는 분들 중에는 전문 투자자, 자영업자, 직장인, 군인 여러 부류의 사람들이 있었다. 넉넉한 통장의 여윳돈으로 투자하고자 하는 분들은 많지 않았다. 레버리지로는 담보 대출이나 신용 대출을 많이 활용하였다.

나는 그때 서울의 자그마한 빌라 전셋집에서 살고 있었다. 부동산 실물 경제의 이치를 배우고 나서 과감히 전세에서 월세로 갈아탔다. 남은 돈 5천만 원으로 갭투자를 활용해서 1기 신도시인 일산에 있는 아파트에 투자했다. 내생에 처음으로의 내 집 마련의 꿈을 이루었다. 비록 내 집에서 전세 세입자가 살고 나는 여전히 월셋집에 살고 있었지만 마음은 즐거웠다. 한국에서 끝내 내 이름으로 된 아파트 한 채를 장만했고, 머지않아 이 아파트에서 투자 수익이 발생한다는 미래의 꿈에 가슴이 벅차올랐다. 그리고 꿈 리스트에 아파트 두 채를 추가했다. 목표를 향해 열심히 달리니 꿈이 하나씩 이루어졌다. 아파트 한 채에서 아파트 세 채로 꿈의 사이즈를 키웠다.

정말 열심히 노력했던 2016년 나는 내 집 마련의 꿈을 한국 온 지 8년 만에 이루었다.

C는 부동산 투자 스터디에서 만난 언니이다. 파주시에 거주하는 언니는 애 셋인 전업주부이다. 평소 남편이 출근하고 애들이 학교 간 후 동네 엄마들과 커피숍에서 커피 마시며 담소 나누며 사는 것이 일상이었다. 정보에 깨어 있는 엄마들의 수다 속에는 부동산과 주식에 관한 수다는 필수였다. 2015년 언니는 3,000만 원으로 파주의 미분양 아파트 분양권에 투자했다.

그 후 꾸준히 오피스텔과 광교, 용인의 아파트 분양권에 투자했다. 엄마들의 수다로 시작된 투자가 지금은 70억의 자산으로 불어났다. 현재 이 언니는 본인의 투자 사례를 바탕으로 50대 가정 주부들에게 힘과 용기를 주는 책을 집필하고 있다. 제목은『50이 지나도 재밌게 살고 싶다』. 곧 출간 예정이다. 꼭 사서 보시기를 추천한다.

L의 이야기이다. 신혼부부 1년 차인 L은 그때 당시 전세 1억 5,000만 원에 살고 있었다. 좋은 직장을 가지고 있었던 한국의 젊은 세대들이지만 늘 돈이 부족했다고 한다.

"내가 봤을 때는 충분히 중산층이고 여유로워 보여요."

"매달 월급은 빵빵 나오지만, 나오면 뭐하나요? 학자금 대출에 생활비에 애기한테 돈 들어가고 나면 정작 나 자신은 예쁜 옷 한 벌 사 입는 게 아까워요. 이게 너무 슬프네요."

다람쥐 쳇바퀴 도는 생활이 싫어서 과감히 결단했다. 전세금을 빼서 5천만 원으로 월세로 들어가고 나머지 1억으로 아파트를 매입하였다. 그렇게 시작한 투자가 2022년 현재 100억 자산가로 만들어주었다. 100억 자산가로 변천해가는 과정의 이야기는 이분의 책을 사서 보시기를 추천드린다. 『나는 남편에게 아파트를 선물했다』의 저자 이진화 씨의 책이다.

그때 당시 갭투자로 아파트를 매입하신 분들이 너무 많았다. 지금쯤 그분들의 자산은 최소 세 배 아니 그 이상 늘어났을 것이다. 이런 것은 운일까? 운은 스쳐지나가는 자에게는 머물지 않는다. 항상 준비된 자에게 운이 다가온다. 다가왔을 때 잡아야 그것이 행운으로 되는 것이다. 내가 준비되어 있지 않으면 운이 다가와도 운인지 모르고 스쳐지나간다.

S는 내가 아는 요식업 사장님 중에서 정말 열심히 사는 친구이다.

2016년도에 파주 신도시에 양꼬치 식당을 차리고 싶어했다. 당시 영등포구 대림동에서 식당을 하고 있었지만 대림동은 주말에만 손님이 오다 보니 노력 대비 돈이 안 벌렸다. 과감히 대림의 식당을 접고 파주 신도시에 오픈했다.

파주시는 신도시라 내국인이 95% 이상이었다. 과감히 고객 타겟층을 바꾼 것이다. 앞을 내다보는 혜안이 있는 친구였다. 코로나 이전에는 식당 앞에는 대기 손님이 줄서서 기다리는 광경이 매일 이어졌다. 2021년 S친구는 파주시에 5층 건물 한 채를 매입했다. 건물을 매입하기 앞서서 S친구는 부동산 공부를 열심히 하였다. 식당 일은 밤 늦게 끝나고 아침에 시장에 들러야 하므로 어지간히 힘든 일이 아니었다. 현재에 안일하게 만족하지 않고 늘 도전하는 친구가 대견스러웠다. 며칠 전 S친구한테 카톡이 왔다.

"언니, 나 이번에 땅 500평 샀어!"

진심으로 축하해주었다. 너무 감사한 일이다. 특히 이주민들이 한국에서 한걸음씩 자산을 불리는 것을 보면 나의 마음은 정말 기쁘다.

부동산 경기 순환은 보통 10년이 주기라고 한다. 요즘은 예전보다 순환 주기가 점점 빨라지고 있다고 전문가들이 얘기한다. 2015년부터 한국은 부동산의 한 주기 상승장이 시작되었다. 2017년, 2018년 그때쯤 잠깐의 역전세 논란이 있었지만 금세 지나갔다. 2020년쯤부터는 부동산 가격이 미친듯이 올라갔다. 강남 어느 아파트는 자고 일어나면 가격이 올라 있었다. 직장 생활의 월급으로는 내 집 마련 한 채 하기가 하늘의 별 따기다. 그러니 '영끌' 해서 부동산에 투자한다. '영끌'은 영혼까지 끌어올린다는 줄임말이다.

2021년 공인중개사 자격증을 도전한 세대 중 2030세대가 많았다. 부동산업무도 디지털에 익숙한 20, 30대들이 투자 정보, 투자 경험을 SNS에 올려서 공유한다. 그리고 투자에 성공한 분들은 1인 기업으로 컨설팅 회사를 운영하며 정보를 공유한다. 요즘처럼 정보가 넘치고 공짜로 배울 수 있는 시대가 없었다.

02

계약 시
손해 보지
않으려면?

이주민들은 신축 집을 많이 선호한다. 한평생 사는 집 조금 비싸더라도 이왕이면 새 집을 사려고 한다. 건설사 혹은 건축주들은 모델 하우스를 꾸며놓고 수요자가 오면 보여준다. 집을 구경하러 다니다 보면 내부 인테리어만 보고 계약을 하는 손님들이 많다.

2장에서 좋은 집 고르는 방법에 대해서도 얘기했지만 주변의 학군, 편의 시설, 교통 여건을 파악하는 것은 기본 중의 기본이다. 출퇴근 시간을 이용해 버스나 지하철 등을 사전에 타보는 것도 중요하다. 내 집 마련을 함에 있어서 가장 중요한 것은 입지이다.

모델 하우스에 도착하면 화려하게 꾸며진 인테리어에 마음이 들뜬다. 대부분의 모델 하우스는 실내를 넓어 보이게 하기 위하여 거실, 방, 주방을 확장한 상태가 많다. 발코니 확장 부분이 분양가에 포함된 것인지, 확장 가격은 얼마인지도 체크해야 한다. 깔끔한 붙박이장과 이미 세팅되어 있는 냉장고 등등의 가구 제품도 분양가에 포함되어 있는지 따져봐야 한다.

모델 하우스에 들어가면 화려한 조명과 인테리어에 감싸져 정작 보고 싶은 내용을 놓치곤 한다. 일부 인테리어 전시 품목은 디스플레이용으로 설치해둔 것이어서 입주 시 제공하지 않는다. 특히 침대와 책상 등 일부 가구는 모델 하우스 용으로 크기를 줄여서 자체 제작한 것이 많기에 눈으로 보기에는 넓고 환해 보인다. 그러므로 실제 면적이 얼마인지 제대로 체크하는 것이 더 중요하다.

특히 주방은 주부들이 음식을 만드는 곳이기에 더 꼼꼼히 체크해야 한다. 싱크대 높이는 적당한지, 수납 공간은 충분한지, 싱크대 재질은 어떤 것인지, 주방 동선은 효율적인지, 식탁을 배치할 공간은 있는지 등등을 꼭 체크해야 한다.

내부의 모델 하우스를 다 보고 난 후에는 외부 주변 환경도 체크해야 한다. 주변에 혐오 시설은 없는지, 공원과의 거리는 얼마인지, 편의 시설은 있는지, 전철역은 얼마 거리인지, 실제로 확인하며 체크하는 것이 좋다. 입주 후 얼마 지나지 않아 창문 앞에 또 새로운 건축물이 들어서기 시작하여 앞이 완전 막히는 경우도 있다.

C의 사례이다. 어느 날 친구가 직장동료 C를 모시고 왔다. 얘기를 들어보니 C의 남편이 며칠 전에 부동산 매매 계약을 하고 왔다고 한다. 계약한 집은 바로 전철역에 5분 거리에 있는 도시형 생활 주택이었다. 살고 있던 집이 만기가 되어 급한 마음에 저녁에 퇴근을 하고 모델 하우스를 방문하였다. 퇴근 후 날이 어두운지라 모델 하우스 내부만 보고 결정을 하고 계약을 하였다. 계약금 1,000만 원은 바로 그 자리에서 이체하였다. 며칠 후 다시 분양 사무실에 가서 보니 계약한 집 앞에 커다란 건물이 막혀 있었다. 밤에 집을 본지라 앞에 건물이 있다는 것을 사전 체크하지 못하였다. 평생 살 집인데 햇빛과 등지고 살아야 할 것을 생각하니 가슴이 터질 것 같다며 찾아왔다.

불이 환하게 켜져 있는 모델 하우스는 언제 봐도 아늑하고 좋다. 하지만 우리가 해야 할 일은 그 은은한 불빛에 도취되는 것이 아니다. 불을

끄고도 햇볕이 잘 들어오는지 체크해야 한다. 인테리어 소품보다 집의 구조와 향을 봐야 한다. 이주민들은 추운 지방에서 살아온 경험이 있어서 남향집을 많이 선호한다. 남향집이 좋은건 누구나 인정한다. 하지만 아무리 넓고 좋은 남향집이라도 앞 건물로 막혀서 햇볕이 전혀 들어오지 않는다면 그건 확 트인 북향집만도 못하다. 풍수지리로 놓고 봐도 막힌 집은 좋지 않다고 한다.

모델 하우스 내, 외부를 모두 체크한 후에 맘에 드는 집은 계약으로 이어질 수 있다. 계약 시에는 혹시 모를 분쟁에 대비해 계약 내용을 꼼꼼히 챙겨야 한다. 우선 계약금, 중도금, 잔금의 비율과 지급 시기를 잘 확인해야 한다. 대출이 필요하다면 대출 이자율과 DTI 적용 시 소득 증명에 문제는 없는지도 잘 확인해야 한다. 법무사 사무실에서 대출 부분은 확인을 해주지만 본인 스스로도 정확히 알고 있는 것이 좋다. 계약 후에는 계약서를 잃어버리지 않도록 꼭 잘 챙겨야 한다.

03

부동산
사기 당하지
않으려면?

　허가된 중개업소인지, 보증 보험에 가입되어 있는지 확인하고, 계약 시 매도자의 신분증과 등기등본을 대조하고, 등기권리증까지 대조하는 것 등등. 이것은 기본중의 기본이라 누구나 알고 있을 것이다.

　부동산 시장은 큰 돈이 오가는지라 사기꾼이 마음먹고 접근하면 피해 가기 힘들다. 사기꾼은 마음만 먹으면 등기부등본, 신분증 등을 얼마든지 위조할 수 있기 때문이다.

사기를 피하기 위해 반드시 체크해야 할 사항

1) 등기부등본을 확인해야 한다.

등기부등본을 통상 집문서라고도 한다. 중국의 집조(방산증)과도 유사하다고 보시면 된다. 부동산을 거래할 때 가정 먼저 하는 일은 등기부등본을 확인하는 것이다. 등기부등본은 표제부와 갑구, 을구로 구성되어 있다. 표제부에는 해당 주택의 위치, 면적, 등기한 순서와 접수 번호, 건물명칭 등에 대한 개괄적인 설명이 있다. 갑구에는 등기 원인, 가처분 등과 같은 권리 제한과 소유권의 이동이 표시되어 있고, 을구에는 소유권 이외의 권리, 즉 저당권, 전세권, 지상권 등 담보 내용이 들어 있다.

거래를 할 때 중개업소에서 등기부등본을 떼서 매수자에게 보여주지만, 발급 날짜를 꼭 확인해야 한다. 오래 전에 떼어놓은 것은 그사이 권리 변동이 발생했을 수도 있기 때문이다. 전월세 계약을 체결할 때는 을구에 적혀 있는 근저당을 잘 확인해야 한다. 근저당의 채권 최고액과 보증금 금액을 꼭 확인해야 한다. 채권 최고액은 실제 채권 금액의 120~130%로 설정되어 있다.

등기부등본은 대법원 홈페이지(http://www.iros.go.kr)에서 발급한다. [열람하기]를 클릭하고 보고자 하는 주소를 입력한다. 발급은 1,000

원, 열람은 700원 수수료가 나온다.

2) 매도자의 신분증과 인적 사항을 반드시 확인한다.

계약 시 상대방이 등기부등본상의 본인이 맞는지 반드시 확인해야 한다. 신분증이 위조되지 않았는지, 신분증 사진과 현재의 사람이 동일인인지, 현재 주소와 신분증의 주소 등을 모두 확인해야 한다. 부득이 본인이 아닌 대리인이 참석하게 되면 인감증명서와 위임장을 반드시 받아두어야 한다. 피위임인이 배우자라도 반드시 위임장과 인감증명서가 첨부되어야 한다.

3) 토요일, 공휴일, 일요일은 계약을 하지 않는 것이 좋다.

등기부등본은 인터넷으로 확인이 가능하지만 근저당이 설정되어 있는 경우 은행에 직접 물어볼 수 없기 때문이다. 예를 들어 매수자가 대출을 받아놓고 등기부등본에 기재되기 전에 매도하면 일요일이나 공휴일에는 확인할 방법이 없다. 이 사실을 모르고 계약하면 낭패를 볼 수도 있다.

얼마 전 지인의 사례이다. 지인이 가지고 있던 오피스텔을 매도하는 과정에서 생긴 사기 피해 사례이다. 참고로 지인은 부동산 업종에 30년이나 몸을 담은 사람인데도 사기를 당했다는 것이다. 오피스텔을 매도하는 과정에서 매수자가 은행에 대출 자서를 한 것을 확인하고 지인은 매도에 필요한 서류를 매수자에게 넘겨줬다. 매수자가 등기소에 가서 등기 이전을 하리라 믿었으나 매수자는 계약 서류를 가지고 다른 사채업자에게 그 오피스텔을 담보로 대출을 받고 대출금을 가지고 종적을 감추었다. 이 사례는 매도자가 매수자와의 사이가 친분이 있다는 이유로 법무사를 통하지 않고 매도자에게 믿고 서류를 맡긴 사례이다. 시퍼런 대낮에 눈 뜨고 사기 당한 사례이다.

4) '초급매', '급전세', '반값'은 신중하게 생각하라.

시세에 비해 지나치게 낮은 물건은 다시 한번 의심해봐야 한다. 이 세상 공짜는 없다는 사실을 명심하고 탐욕은 버리는 게 사기를 멀리할 수 있는 방법이다. 세입자의 최우선 변제권 제도를 악용하여 사기 치려고 하는 사람들이 있다. 곧 경매가 진행될 집에 주택 임대차 보호법의 소액 임차인 최우선 변제권을 앞세워 급전세, 급매물 계약을 유도한다. 경매에 넘어가도 세입자는 최우선 변제금을, 집주인은 전세금을 챙길수 있다고 한다. 주택을 담보로 돈을 빌려준 채권자들은 세입자의 최우선 변제금만큼 배당을 받지 못하게 된다. 만약 채권자들이 임대차 계약 무효 소송을 걸어 세입자가 지게 되면 보증금을 모두 날리게 된다.

5) 대출이 있는 집에 전세로 계약 시 전세금을 줄 때는 세입자와 주인이 함께 은행을 방문해 대출을 상환하게 하고 영수증을 받아야 한다. 또한 집주인의 동의 하에 세입자가 전세 자금 대출을 받았을 경우에도 집주인이 은행에 직접 대출금을 돌려줘야 한다.

6) 대출금과 전세금의 합산액이 매매가 시세의 80%를 넘으면 위험하다. 등기부등본에 근저당 설정액과 전세금 합산액이 매매 시세의 80%를 넘는 집은 피하는 게 좋다. 집이 경매에 넘어갈 경우 낙찰가가 시세보다 훨씬 낮으면 전세금을 온전히 보전하기 힘들기 때문이다. 보통 투자 가치가 떨어지는 집에 전세로 들어갈 경우 전세 보증금을 떼일 위험도 그만큼 크다는 것을 염두에 두어야 한다.

7) 그 외에도 돈부터 얘기하거나 부동산 거래 시 계약 기간을 지나치게 짧게 해달라고 하거나 하면 의심해봐야 한다. 부동산은 돈과 밀접히 연관되어 있으므로 느낌으로 이상하다 싶으면 절대 지나치면 안된다. 그 자리에서 반드시 체크하고 확인해볼 필요가 있다.

계약 기간은
끝났는데 보증금을 돌려주지
않는다면?

이사를 계획하고 있다면 최소한 계약 만료 한 달 전에 집주인에게 이사 통보를 해야 한다. 한 달 전에 통보했음에도 집주인이 보증금을 돌려주지 않으면 법원에 지급 명령을 신청할 수 있다. 신청 후 2주 동안 집주인이 이의 신청을 하지 않으면 법적 효력이 발생한다. 그래도 보증금을 반환하지 않는다면 집을 경매에 넘기는 강제 집행을 할 수 있다. 만약 집주인이 이의 신청을 하게 되면 소송으로 넘어가게 된다.

집주인과 소송을 하는 과정에서 이사를 가야 하는 어쩔 수 없는 상황이 될 때는 반드시 임차권 등기 명령을 신청을 하고 가야 한다. 여기에서 주의할 점은 집주인이 임차권 등기 명령을 받은 뒤에 이사를 해야 한다는 것이다.

임차권 등기 명령을 신청을 하게 되면 등기부등본에 기재가 된다. 임차권 등기 명령이 있는 집을 집주인이 다시 세를 놓으면 새로운 임차인은 보장을 받지 못하게 된다.

집주인이 보증금을 끝까지 돌려주지 않는다면 보증금 반환 청구 소송을 할 수 있다. 소송은 이사한 후에도 진행될 수 있으나 시간이 길고 여기까지 오게 되면 심신이 피곤하게 된다. 소송을 통해 승소하면 강제 경매를 진행할 수 있다.

전월세 보증금 상담지원센터

분쟁이 잘 해결이 되지 않고 막막하다면 서울시가 운영하는 전월세 보증금 상담지원센터에 상담할 수 있다.

전월세 보증금 상담지원센터

사이트 : https://news.seoul.go.kr/citybuild/archives/7759

연락처 : 120, 02-731-6720~1

보증금을 돌려받지 못해 이사할 때 지불해야 하는 보증금이 없다면 대출도 가능하다. 대출 한도는 보증금 규모와 계약 만료 여부에 따라 최대 2억 2,000만 원까지 가능하다.

전세 보증금 반환 보증보험

전세 보증금 반환 보증보험은 임대차 계약이 끝났을 때 안전하게 나의 전세금을 돌려받을 수 있도록 가입하는 보험이다. 임대인이 전세금을 돌려주지 않는 대신 국가나 민간이 지급해주는 방식이다. 집주인의 동의 없이 가입이 가능하기 때문에 전세 세입자라면 필히 가입하는 게 유리하다.

전세 보증금 반환 보증보험은 HUG(주택도시보증공사), SGI(서울보증보험), HF(한국주택금융공사) 세 곳에서 운영한다.

■ 주택도시보증공사 www.khug.or.kr

주택도시보증공사는 주거복지 증진과 도시 재생 활성화를 지원하기 위한 각종 보증 업무 및 정책 사업을 수행한다. 주택도시기금의 효율적인 운용 및 관리를 통해 주거 정책 시행으로 서민 주거 안정을 이끌어가는 사업을 하는 전문 공기업이다.

■ 서울보증보험 https://www.sgic.co.kr

SGI서울보증은 종합보증회사로서 각종 상거래 등에 필요한 보증 서비

스를 제공하는 회사이다.

내 집 마련은 부자로 가는 골든 티켓이다

■ 한국주택금융공사 www.hf.go.kr

주택 금융 등의 장기적·안정적 공급을 촉진하여 국민의 복지 증진과 국민 경제의 발전에 이바지함을 목적으로 2004월 3월 1일 출범한 공기업으로서 보금자리론과 적격 대출 공급, 주택 보증, 유동화증권 발행 등의 업무를 수행함으로써 서민의 주택 금융 파트너로서의 역할을 한다.

05

내 집 마련은
종잣돈 모으는 데서
시작된다

종잣돈 모으기가 참 쉽지 않다. 한달에 100만 원씩 저축해도 1년이면 고작 1,200만 원이다. 3년이면 3,600만 원이다. 솔직히 3600만 원 모으기는 쉽지 않은데 쓰는 건 너무 쉽다.

그런데 우리는 악착같이 돈을 모아야 한다. 왜냐? 월 100만 원 모으는 것이 힘든 현실이라면 지금 반복되는 현실이 언제까지 지속될 것인지 고민을 해봐야 한다. 종잣돈 모으기는 별다른 뾰족한 방법이 없다. 돈을 더 많이 벌든지, 고정적인 월급이라면 아껴 먹고 아껴 써서 저축 금액을 늘리든지 왕도는 없다.

한국에서 10년 이상씩 살다 보면 이제는 소비 수준이 높아진 건 사실이다. 하지만 저축 레벨은 처음보다 낮아진다. 그러니 다들 돈이 모이기 점점 더 힘들다고 한다.

가까운 지인, 친척들의 경조사비, 생각 없이 들어놓은 보험, 친구들과의 술 한 잔, 모두가 돈이다. 따져보면 모든 건 반드시 지출해야 할 돈인 것 같다. 하지만 체면에 나간 돈은 체면 때문에 다시 들어오지 않는다.

부동산은 고가이다. 때문에 하루 아침에 부동산을 살 돈이 모이지 않는다. 적어도 몇 년 알뜰살뜰 모아야 실입주금을 마련할 수 있게 된다. 만약 부동산에 대해 전혀 문외한이라면 처음 부동산을 사는 데 있어서 두려움도 앞설 것이다.

종잣돈 모으기 시작을 기점으로 부동산에 대한 공부도 같이 시작하라. 돈 3,000만 원이 모일 때까지라도 공부를 하다 보면 자신감이 생기게 된다. 자신감이 생기면 돈을 모으는 데도 탄력이 붙을 것이다.

돈을 모으는 과정에서 보통은 은행 예적금을 많이 활용한다. 아래는 은행 예적금 활용하기이다.

은행 예적금 이용하기

　은영 씨는 직장 내에서도 알뜰하기로 소문이 났다. 월급은 물론 각종 수당을 받으면 은행에 모아둔다. 그리고 각종 포인트 적립도 알뜰살뜰하게 해서 사무실 사람들도 회사 용도의 물건이나 직원 생일케이크를 사거나 하면 그의 포인트 카드에 적립해줄 정도이다. 재테크 공부를 많이 해서, 예적금을 이용할 때는 은행별 이율과 금고별 이율을 비교하는 '마이뱅크' 어플과 인터넷 사이트(https://www.mybank.me)를 활용한다.

마이뱅크의 예적금 금리는 전국의 은행이 일목요연하게 금리 높은 순서로 모두 조회가 가능하다. 그리고 저축은행별로 조회할 수 있다. 새마을금고와 신협은 금고별로 이율에 대한 조회가 가능하게 되어 있다. 새마을금고와 신협은 금고별로 법인이 다르므로 금고별로 5,000만 원 예금자 보호를 받을 수 있다.

시중 은행보다 금리가 조금이라도 더 높은 2금융권인 새마을금고나 신협 그리고 저축은행을 많이 이용한다. 은영 씨는 0.5% 정도만 이율이 좋으면 시간을 내어 멀리까지 찾아가서 가입하기도 했다. 또한 새마을 금고는 비대면으로도 가입이 가능한 상상뱅크 등을 이용하여 전국의 금고 금리를 전부 다 확인하여 심지어는 제주도에 있는 금고의 정기 예탁금을 가입할 정도였다.

또한 재테크 카페 등에 가입하여 은행의 특판 상품을 활용하는 것도 유용하다. 또한 환율도 은행별 환율과 국가별 화폐의 환율 비교를 조회할 수가 있다. 환율이 높거나 낮은 순서로 되어 있어 편리하다. 환율 비교는 시중 은행, 환전소, 환전 플랫폼의 환율을 비교해주고 있다. 그러므로 환전에도 유용한 사이트이다. 전국은행연합회 사이트에서도 각종 금리, 예적금, 기타 수수료등을 모두 조회할 수 있다.

| 마이뱅크 | 보험 | 환전 | 환율비교 | 금리비교 | 대출비교 | + 금융파트너 |

절약하기   은행별 환율   가까운 환전소

중국 CNY

현찰 살 때 ∨   서울 ∨   전체 ∨

1 ¥   확인   우대쿠폰으로 다시 계산

환전소	환율	절약금액 ❷	절약률	UPDATE
best 한중환전	188.5원	15.08원	7.41%	2022.02.02
이지환전	188.5원	15.08원	7.41%	2022.02.02
명동스카이환전	188.5원	15.08원	7.41%	2022.02.02
코리아환전소	188.5원	15.08원	7.41%	2022.02.02
환전카페	188.5원	15.08원	7.41%	2022.02.02
엥앵엥환전	188.5원	15.08원	7.41%	2022.02.02
[종로] 종로환전소	188.5원	15.08원	7.41%	2022.02.02
[종로] 종로오케이환전	188.6원	14.98원	7.36%	2022.02.02
위비뱅크	193.97원	9.61원	4.72%	2022.02.02
신한쏠	194.9원	8.68원	4.26%	2022.02.02
Standard Chartered	195.19원	8.39원	4.12%	2022.01.28
리브뱅크	196.02원	7.57원	3.72%	2022.02.02
KEB 하나	199.34원	4.24원	2.08%	2022.02.02
기업은행	199.41원	4.17원	2.05%	2022.01.28

사이드바 국가 목록: 중국, 일본, 미국, 유럽연합, 홍콩, 대만, 싱가폴, 태국, 필리핀, 베트남, 영국, 호주, 캐나다, 브라질, 칠레, 멕시코, 뉴질랜드, 인도네시아, 말레이시아

| 은행연합회 소비자포털 | 금융상품정보 | 금리/수수료 비교공시 | 금융서비스정보 | 소비자정보 | 금융교육 | ☰ |

금리/수수료 비교공시   예금상품금리비교   홈 > 금리/수수료 비교공시 > 예금상품금리비교 > 예금금리

예금상품금리비교

| 예금금리 | 적금금리 | 청년희망적금금리 | 장병내일준비적금금리 | 맞춤상품검색 |

정기예금   상호부금   개인MMDA   법인MMDA

☑ 전체
☑ KDB산업은행   ☑ NH농협은행   ☑ 신한은행   ☑ 우리은행   ☑ 스탠다드차타드은행   ☑ 하나은행
☑ IBK기업은행   ☑ KB국민은행   ☑ 한국씨티은행   ☑ SH수협은행   ☑ DGB대구은행   ☑ BNK부산은행
☑ 광주은행   ☑ 제주은행   ☑ 전북은행   ☑ BNK경남은행   ☑ 케이뱅크   ☑ 카카오뱅크
☑ 토스뱅크

은행 ▾	상품명 ▾	기본금리(복리이자 %)				최고우대금리(복리이자 %)				상세 정보
		6개월 ▾	12개월 ▾	24개월 ▾	36개월 ▾	6개월 ▾	12개월 ▾	24개월 ▾	36개월 ▾	
KB국민은행 재 소	KB국민첫재테크예금	1.30	1.40			1.50	1.60			▾ 보기
KB국민은행 재 소	KB Young Youth 종여예금		1.45				1.55			▾ 보기
KB국민은행 재 소	KB골든라이프연금우대예금		1.45				1.65			▾ 보기
광주은행 재 소	미즈월복리정기예금		1.80	2.18	2.47		2.00	2.38	2.67	▾ 보기

대출 금리 또한 조회가 가능하므로 부동산 매매 계약시 마이뱅크를 활

용하여 은행마다의 대출 이율을 조회하는 것도 도움이 된다.

신용대출   담보대출   지점찾기

이자가 가장 싼 금융회사, 지점을 찾아보세요

아파트담보 ∨ | 20,000 만원 대출시   확인   연   15,100,000 원 절약

금융회사, 지점	아파트담보	연이자	이자차이 ❓	주택담보
best 새마을금고 늘푸른 상품a	2.45%	4,900천원	-15,100천원	-
새마을금고 늘푸른 상품b	2.45%	4,900천원	-15,100천원	-
새마을금고 열린본점 상품b	2.45%	4,900천원	-15,100천원	-
새마을금고 열린본점 상품a	2.45%	4,900천원	-15,100천원	-
새마을금고 물금 상품a	2.50%	5,000천원	-15,000천원	4.09
새마을금고 물금 상품b	2.50%	5,000천원	-15,000천원	4.09

중국공상은행은 홈페이지(www.icbc.co.kr)가 중국어로 되어 있어서 한국어가 어려우신 분들이 보시기 편리하다.

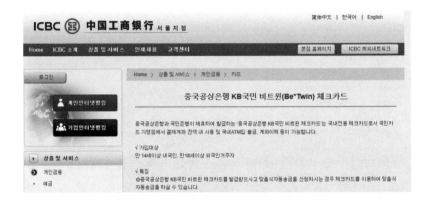

파킹 통장에 주목하라

여윳돈 500만 원이 생겼다. 이 돈을 어디에 투자해야 할지 찾아보지만 판단이 잘 서지 않을 때가 있다. 이럴 때 유용한 게 '파킹(Parking) 통장'이다. 공식 용어는 아니지만 잠깐 주차하듯 은행에 짧게 돈을 예치해도 정기 예금보다 조금 많은 이자를 주는 자유입출금식 통장이다. 하루만 넣어도 이자를 주며 2%대 이상을 주는 곳도 있으니 참고하시기 바란다. 잠시 넣어두어도 예금처럼 이자를 주는데, 예금과 다른 점(장점)은 돈을 마음대로 넣었다 뺐다 할 수 있다는 것이다. 그래서 예적금으로 묶어둘

수는 없지만 이자는 받고 싶을 때 파킹 통장을 많이 이용한다. 재테크 시에 알고 있어야 할 기본 상식이다.

06

부동산 공부는
어디서부터
시작할까?

부동산 책 10권 읽기

부동산 공부 어디서부터 시작해야 할까? 나의 생각은 기초 지식인 책부터 접하라이다. 처음부터 강의를 들으면 알아듣지도 못할 뿐더러 머릿속에 남는 것도 없다. 유튜브 또한 마찬가지이다. 우선은 부동산 관련 도서 최소 10권을 읽는다. 단 조건이 있다. 10권을 긴 시간을 두고 읽으면 공부에 도움이 되지 않는다.

인간은 망각의 동물이다. 읽으면서 잊어버릴 바에는 시간 낭비이다. 짧은 시간 안에 10권을 다 읽어야 한다. 읽을 때 밑줄 긋고, 내가 기억하고 싶은 부분은 꼭 컴퓨터에 워드로 치거나, 필사를 해놓는다. 이 과정이 진정한 공부이다. 책 10권을 읽으면 부동산 부린이에서는 탈출하겠구나 하는 자신감이 든다. 이 과정에서 엄청 성장해 있는 자신을 발견할 것이다.

집 근처 도서관에 들른다. 도서관 대여 카드를 만들면 카드 한 장에 10권 정도 빌릴 수 있다. 부동산 관련된 책을 10권 훑고 빌려와서 집에 와서 읽는다. 읽다가 책 내용이 좋고 소장 가치가 있는 책은 바로 쿠팡이나 온라인 서점에서 주문한다. 한국은 배송이 잘 되어 있어서 너무 감사하다. 밤중에 주문해도 그 이튿날이면 주문한 책이 도착한다.

도서관에는 책이 한정되어 있다. 그래서 대형 서점을 들른다. 부동산 책 코너에서 한 권도 빠짐없이 꺼내서 목차부터 읽는다. 관심 있는 책은 사서 집으로 온다. 책 한권의 값은 약 1만 5,000원 정도이다. 이 세상에 가격 대비 가성비 최고인 것은 책보다 더 좋은 게 없는 것 같다. 책 한 권에 내가 얻고 싶은 지식이 얼마나 많이 담겨 있는가?

유튜브 영상/강의 찾아듣기

책 안쪽 표지에 보면 저자의 SNS 채널이 기재되어 있다. 블로그, 유튜브, 인스타 등등. 가끔씩 책 사는 게 고민이 될 때는 저자의 SNS 채널부터 검색한다. 이제는 시대가 다르다. SNS 채널과 함께 하는 저자는 전문가로 느껴진다. 채널 속의 콘텐츠를 통해서 저자의 전문성을 확인하게 된다. 그동안 투자와 공부를 병행한 전문가들의 카페나 블로그에는 다양한 강좌가 있다.

책으로 어느 정도 용어가 익숙해지고 자신감이 붙으면 강의를 듣는다. 물론 강의는 저가부터 고가가 있고 1:1 컨설팅도 있다. 어떤 강의들은 오픈 채팅방을 운영을 하기 때문에 부동산에 대한 정보를 공유할 수 있다. 중요한 것은 열심히 사는 사람들의 긍정 에너지 파장을 함께 공유할 수 있다는 것이다.

부동산 강의는 저렴한 것부터 찾아 듣자. 내가 이해할 수 있는 것부터 하나하나 공부해가자. 부동산은 영역이 너무 넓다. 모든 영역을 다 공부할 수는 없다. 내가 관심 있는 파트로 공부하고, 연구하고, 투자까지 겸할 수 있다면 좋다.

새로운 정부 정책이 발표되면 TV 뉴스에서도 보게 되지만, 극히 짧은 1, 2분이다. 어떻게 해석이 되고 어떻게 실행이 되는지, 나와 어떤 관련이 있는지 살펴보려면 유튜브로 검색을 해서 공부를 한다. 우리는 공부하기 너무 좋은 시대에 살고 있다. 무료로 공짜로 얻을 수 있는 정보도 너무 많다. 공짜도 알짜배기가 너무 많다.

유튜브 영상을 보는 것 또한 그냥 귀로 듣고 흘려버리면 머리에 남는 게 없다. 시간 때우기식은 도움이 안된다. 책상 앞에 앉아서 메모하면서 들어야 한다. 공부처럼. 필요한 부분은 컴퓨터에 메모하거나 노트에 필기해야 머릿속에 남게 된다.

그리고 하루 지나서 필기한 것을 다시 보고 일주일 후 다시 꺼내서 보면 대체적으로 머릿속에 남아 있다. 이제 TV뉴스에서 부동산에 관한 내용이 나오면 알아들을 수가 있을 것이다.

여기에서 중요한 것 하나, SNS 채널에는 공부 내용만 있는 것이 아니라 재밌는 예능도 너무 많다는 사실이다. 한번 SNS에 빠지면 헤어나오기가 어렵다. 시간도 금방 한두 시간 가버린다. 스스로 절제가 잘 되지 않을 때도 너무 많다.

방법은 아예 처음부터 보지 않는 것이다. 실컷 보고 시간 아깝다고 후회하는 것보다 아예 안 보는 것이 낫다. 안 보면 후회는 되지 않기 때문이다.

부동산 시세 조회하기

내 집 마련을 하고 싶은 지역이 생기면 꾸준히 그 지역의 시세를 검색해 보아야 한다. 우선은 '네이버 부동산'이나 국토교통부 실거래가 시스템 등에서 매물과 시세를 파악할 수 있다. '호갱노노', '아실' 등 관련된 어플을 핸드폰에 설치한다. 익숙해지기까지 계속 쳐다보고 만져볼 수밖에 없다.

■ 호갱노노(https://hogangnono.com)

'호갱노노'는 국토교통부 아파트 실거래가와 시세 등 지도에서 한눈에 볼 수 있다. 가장 많이 오른 아파트, 인기 아파트 등 아파트에 대한 모든 정보를 확인할 수 있다.

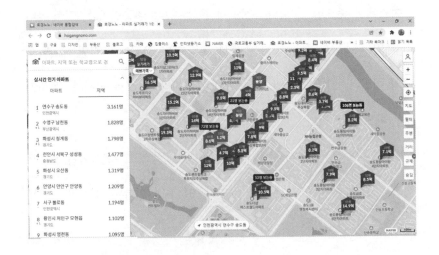

■ 아실(아파트실거래조회사이트, http://asil.kr)

아파트 실거래가 순위 분석, 가격 분석, 인구 변화, 입주 물량, 분양 정책, 개발 이슈, 여러 아파트 가격 비교, 빅데이터 등 내용이 들어 있다.

임장

임장이란 현장 답사, 즉 현장에 가서 두 발로 답사하는 것을 말한다. 부동산에 있어서 임장만큼 중요한 것도 없다. 이론적으로 배운 것을 실전으로 부딪히는 과정이다. 현장에 가면 여러 가지 이론으로 볼 수 없는 부분을 보게 된다. 부동산 강의를 듣다 보면 강의를 같이 듣는 사람들과 함께 스터디도 하고 임장을 다닌다. 여러 부류의 사람들이 있다. 성공하고자 노력하는 사람에게는 배울 것이 너무나 많다. 실제로 임장가서 부동산 사무소에 들러서 설명을 듣게 되면 매번 감회가 새롭다. 현장에 생명이 있음을 느끼게 된다. 다녀온 후 임장의 후기, 임장 보고서 같은 것을 작성해봄으로 부동산에 대해 한층 더 깊이 공부하게 된다.

공부하는 데는 시간도 많이 걸리고 몸도 피곤하다. 하지만 어느 단계로 올라가기까지 노고가 없이는 절대 올라갈 수 없다. 비행기가 창공에 뜨기 전에 총력을 다해서 달리듯이. 그 과정이 누구에게나 필요하다. 특히 한국의 용어, 법 모든 게 익숙지 않은 우리에게 있어서 더 집중하고 노력해야 하는 이유이다.

더 나은 미래를 위해 도전하고 투자하라!

이 책은 전적으로 한국 국내 거주 이주민들 상대로 집필한 책이다. 우리는 특수한 문화 배경과 특수한 환경 속에서 이주민이라는 타이틀을 가지고 살아가고 있다.

중국에서 각자 있는 집을 그대로 두고 또 한국이라는 나라에 와서 집에 대한 로망을 꿈꾸고 집에 대한 꿈을 이루어가며 살고 있다. 사람은 집 없이 살 수 없고, 내 집이 있다고 해도 태어나서 그 한 집에서만 사는 것도 아니다. 한국이라는 나라에서 모두 이사를 수없이 하면서 내 집 마련에 대한 꿈을 더 키웠을 것이다.

하지만, 내 집 마련을 하는 방법과 정보를 잘 모르고 있다면 불필요한 지출을 더 많이 할 수도 있다. 그래서 작게나마 이 책이 내 집 마련에 있어서 도움이 될 수 있으면 좋겠다. 궁극적으로 내가 살 집 하나가 필요한 것이지만, 내 집 마련을 한 사람이나 해야 할 사람이나 현실에 만족하고, 노동 수익에만 의존하는 삶을 살아서는 안 된다.

우리 모두가 한국이라는 나라에서 살아가고 있는 이상, 자본주의 사회의 돈을 흐름을 깨우쳐야 하고, 금융 문맹에서 탈출하고자 노력해야 이전보다 더 나은 삶을 살 수 있다.

적어도 이 책을 읽은 독자는 조금이라도 부동산에 눈을 뜨고, 조금이라도 더 잘살기 위해 공부하고 노력해나가는 사람이었으면 좋겠다. 우리 함께 더 나은 미래를 위해 도전하고, 우리의 후세대들에게 멋진 미래를 만들어줄 수 있는 부모 세대들이 되었으면 하는 바람으로 집필을 마무리 하고자 한다.

부족한 나의 글이 세상에 나올 수 있도록 애써주신 출판사 모든 관계자분들과 〈한책협〉 식구들에게 감사 인사를 전한다.

부록

———

내 집 마련을 위한 부동산 공부 책과 유튜브 추천

『RESTART 부동산 투자』, 박희용(부동산히어로), 매일경제신문사

『나는 쇼핑보다 부동산 투자가 좋다』, 이나금, 위닝북스

『당신에겐 집이 필요하다』, 렘군, 베리북

『나는 부동산과 맞벌이한다』, 너바나, 알키

『나는 마트 대신 부동산에 간다』, 김유라, 한국경제신문사

『돈이 된다! 부동산 대백과』, 김병권(부동산아저씨), 진서원

『나는 남편에게 아파트를 선물했다』, 이진화, 유노북스

『부동산 투자의 정석』, 김원철, 알키

『누가 뭐라든 집을 사라』, 남관현, 황금부엉이

『노후를 위해 집을 저축하라』, 백원기, 중앙일보조인스랜드

『부동산 투자 100문 100답』, 박정수, 평단

부동산 공부 유튜브

렘군TV

월급쟁이부자들TV

부동산아저씨

부동산히어로

재테크올로, 핸담

부동산 읽어주는 남자

김짠부 재테크

소사장소피아

놀라운 부동산

세빛희

제네시스 박

쉬운 부동산

신사임당

내 집 마련은 부자로 가는 골든 티켓이다

부자 마인드 유튜브

EBS다큐프라임 자본주의 1부~5부

김미경TV / mkyu대학

14F일사에프

신사임당

김작가TV

단희TV

켈리 최

이지성TV

815머니톡

카이로스북클럽

생따연구소(네이버 검색)